榆林学院博士科研启动基金项目
（项目编号：22GK34）

见证·2012-2015

北京古玩

艺术品交易市场研究

张萍　著

湖南大学出版社·长沙

内容简介

本书是以古玩交易的核心机制、北京古玩交易市场的经营业态以及古玩交易集聚群的商业模式为逐层递进的理论架构，进行了多个方面的研究和探讨。可供相关专业学者及爱好者学习参考。

图书在版编目（CIP）数据

见证：2012-2015北京古玩艺术品交易市场研究 / 张萍著.— 长沙：湖南大学出版社，2022.9

ISBN 978-7-5667-2316-1

Ⅰ.①见… Ⅱ.①张… Ⅲ.①古物—贸易市场—研究—北京 Ⅳ.①F724.787

中国版本图书馆CIP数据核字（2021）第196392号

见证：2012-2015 北京古玩艺术品交易市场研究

JIANZHENG: 2012-2015 BEIJING GUWAN YISHUPIN JIAOYI SHICHANG YANJIU

著　　者：张　萍	
责任编辑：汪斯为	
印　　装：湖南雅嘉彩色印刷有限公司	
开　　本：710 mm×1000 mm　1/16	印　张：14.5　字　数：207千字
版　　次：2022年9月第1版	印　次：2022年9月第1次印刷
书　　号：ISBN 978-7-5667-2316-1	
定　　价：42.00元	

出　版　人：李文邦
出版发行：湖南大学出版社
社　　址：湖南·长沙·岳麓山　　　　邮　　编：410082
电　　话：0731-88821691（营销部）　88821174（编辑部）　88821006（出版部）
传　　真：0731-88822264（总编室）
网　　址：http://www.hnupress.com

序　言

近年来，出于各种原因，特别是疫情的影响，艺术品交易市场，特别是线下交易市场逐渐让位于线上交易市场。但许多人不知道，在几年前，线下交易市场在艺术品交易中占据着很重要的地位。古玩交易市场作为艺术品交易的重要平台，成为艺术品销售最主要的渠道之一。

北京古玩交易市场在规模和数量上都居全国之首，在全国艺术品市场中占有举足轻重的地位。北京古玩交易市场作为中国特色的艺术品交易场所，早已经形成产业集群的商业模式。在北京30多家文化创意产业集聚区中，属于古玩艺术品交易行业的就占2家。古玩交易的文化商业模式不仅是北京艺术品市场发展的重要命题，是全国艺术市场发展的重要课题。笔者在2012—2015年间，北京对古玩交易市场做了很详细的社会调查，记录下了当时市场的交易状况。出于一定的原因，稿件一直没有机会出版，现将付梓出版，对本书的整体架构做一个说明。

本书以古玩交易的核心机制、北京古玩交易市场的经营业态以及古玩交易集聚群的商业模式为逐层递进的理论架构，进行了多个方面的研究和探讨。书中运用了文献研究法，探讨了北京古玩交易市场的历史沿革，结合当前北京市政府对城区的功能规划，解析了北京古玩交易市场的区位特征。笔者对北京主要的古玩交易市场进行了实地考察，了解当前北京古玩交易市场的概况，包括主要的古玩交易市场、地域分布、交易空间、交易品类以及功能等。在解析北京古玩交易产业发展的过程中，以北京潘家园古玩艺术品交易园区、琉璃厂历史文化创意产业园区的案例为基础，从它们之间的异同点着手解析北京古玩交易产业发展的历史因素、特点、运行模式等。以调查问卷的方式，通过对北京古玩交易市场商户的调查，解析了当前北京古玩交易市场商户整体行业信心状况以及影响因素。最后，通过北京古玩交易市场的 SWOT 分析，解析了当前交易市场内部条件和外部环境，并提出了发展策略建议。本书通过一系列的探讨，利用信息不对称这一理论，结合当前市场经营业态、文化创意产业发展状况，将管理经济学的分析工具以及理论运用到北京古玩交易市场的分析中，以期对当前的古玩交易市场的发展做出全面的分析，也为后来人提供借鉴。

张萍

目　录

绪论

一、命题范围的界定

古玩交易由来已久，早在六朝时期就有古玩店铺聚集的市肆，清末民国时，北京琉璃厂成了古玩交易的重要场所，而在 20 世纪 20 年代上海也建立起专门的"古物"交易市场。当今随着古玩交易行业的不断发展，经营场所多种多样，交易市场也变得多样化，如旧货市场、文化市场、文物监管市场、文化艺术品市场、文化城、古玩城等；具体的如潘家园旧货市场、报国寺文化市场、北京古玩城等。其中古玩城的叫法文理通达，富有古意，很适合古玩交易经营场所。自 20 世纪 90 年代后，许多古玩交易市场以古玩城命名，如北京古玩城、天雅古玩城、佰汇古玩珠宝城、君汇古玩城、程田古玩城等。另外，古玩交易市场经营的古玩，并不都是纯粹的、狭义上的古玩，也有旧货、文化用品等，所以许多交易市场称为旧货交易市场、文化市场等。本文所研究的古玩交易市场包含以各种形式命名的古玩交易场所。

二、古玩及相关概念

（一）古玩的概念

古玩是当今艺术品市场中的一个常用词，如古玩城、古玩市场、古玩店铺、古玩商、古玩收藏等。但"古玩"这一词出现的时间较晚，大约在清乾隆年间流行起来，并沿用至今。对于古玩的具体概念没有定论，但有必要探讨一下。正如张冬梅在《艺术产业化的历程反思与理论诠释》所提到的："从古至今，不同的艺术理论家、美学家之所以有着不同的关于艺术的定义和概念，主要源自他们对艺术功能的理解和重视的差异。尽管如维特根斯坦所主张的，艺术和美都是一种开放的而不是封闭的概念，但作为理论研究，作为深入研究的依据，概念的界定仍是必要的。"古玩作为珍贵的艺术品，具有愉悦身心、审美鉴赏的艺术功能，同时也是历史文化的一部分，在其定义上也有些许差异。《辞海》是这样定义的："古玩是指供赏玩的古董。如：古玩铺；收藏古玩。吴莱《陈彦理昨以汉石经见遗》诗：横山先生多古玩，太学石经分我半。""古董：亦作'骨董'，指可供鉴赏、研究的古代器物。《水浒传》第六十六回：'四边都挂名人书画并奇异古董玩器之物'。"

著名史学家、文物鉴定家史树青指出："古玩是古人遗留之物，泛指遗存在社会上或埋藏在地下而被发现、可为文人珍玩的物品。旧称'骨董'。"[①]史树青对于"骨董"是"古玩"旧称的判断，其大意与民国时的赵汝珍一致，赵汝珍在《古玩指南》叙古玩源流中指出："古玩，过去叫做骨董，就是零散杂类。""骨董"一词盛行于宋代，在南宋《梦粱录》中有"买卖七宝者谓之骨董行"的记载。到明代，"骨董"一词一直被沿用，而且被文人雅士所使用、研究。董其昌在《骨董十三说》一书中对"骨董"做了具体的解释，他认为："骨，即过去留存下来的最好的东西，如肉腐烂而骨头还在。董，即明白清楚。骨董即懂得古人留下的精华。"清代乾隆以后，"骨董"虽被上层文人诠释并广为应用，但普通市民不能理解全部含义，而且随着文人收藏热潮的发展，文房清玩加入进来，"骨董"一词不能完全包含这些藏品，于是"古玩"逐渐取代"骨董"，并广为流传开来，沿用至今。"古玩"一词中包含有"骨董"与"文玩"之意，外延有所扩大。

不同国家对于古玩的定义也不同，在美国，古玩的定义是"过去年月制造和使用的有意义的东西"[②]，因此那些被使用过的家居用品也可以作为古玩来售卖，这在美国并不是奇怪的事。其收藏品类也因美国的历史文化、国情不同而不同，有国内所耳熟能详的瓷器、玉器、家具、钟表等，也有在国内很难见到的具有美国特色的古玩，如战争用品、基督教类圣器等。

---

①史树青.古玩收藏鉴赏万事通［M］.福州：福建美术出版社，2006：17.
②沈捷.别样的美国古玩市场［J］.艺术市场，2009（3）：70—71.

虽然我国学者在对古玩的具体概念界定上并没有完全相同的意见，但其大意还是一致的。即古玩是历史遗留下来的具有一定历史价值、艺术价值、研究价值的器物。当然，这是狭义上的古玩。从清代"古玩"一词的演变可以看出，古玩与骨董并不完全等同，并不限于历史遗存，可供鉴赏、收藏的皆可称为古玩。

（二）古玩的类别

古玩的种类繁多，主要包括瓷器、玉器、青铜器、书画等大类，细分则名目繁多。赵汝珍在《古玩指南》中说道："分言之，有书画、瓷器、铜器、古钱、宣炉、古铜镜、玉器、砚、古墨、古书、碑帖、各代名纸、古代砖瓦、法花、牙器、彩墨、笔格、竹刻、扇、木器、名石等数十类。"再细分的话，不同的古玩类别有不同的分类方法，比如陶瓷按器型、釉彩、纹饰、款识分；玉器按材质、器型、纹饰分；古家具按材质、品种、纹饰分等。

具体来说，陶瓷按器型分有盖罐、五联罐、荷叶形盖罐、蟋蟀罐、将军罐、瓜棱罐、葫芦瓶、盘口瓶、贯耳瓶、蒜头瓶等；按釉彩分为青釉、青白釉、玳瑁釉、紫釉、釉里红、青花釉里红、铁锈红、五彩、墨彩、斗彩、珐琅彩、素三彩等；按纹饰分为绳纹、方格纹、卷草纹、牡丹纹、菊花纹、缠枝花纹、历史故事纹、福寿吉庆纹等；按款识分为纪年款、堂名款、吉言赞颂款、花样款、仿写款、供养款等。玉器按材质分为硬玉、软玉、碧玉、黄玉、糖玉、和田玉、独山玉、青金石等；按器型分为玉璧、玉琮、玉圭、玉璜、玉戈、玉戚、玉蝉、玉碗等；按纹饰分为几何纹、回纹、丁字纹、重环纹、乳丁纹、勾连云纹、龙纹、植物花卉纹等。古家具按材质分为黄花梨、紫檀木、酸枝木、铁力木、鸡翅木、楠木、黄杨木等；按品种分为罗汉床、拔步床、玫瑰椅、圈椅、交椅、茶几、炕桌、橱柜、书格、屏风等；按纹饰分龙纹、牡丹纹、凤纹、云纹、荷花纹、西番莲纹、锦纹、万字纹、博古纹等。

古玩既然是历史遗留下来的器物，必然会随着时间的前进，而让今天的器物变成昨天的遗留。于是随着时代的发展，收藏品类也不断变化。比如古典家具，在赵汝珍的《古玩指南》中并未多加提及，因为即使到了民国时期，古典家具也并未得到收藏界的重视，普通百姓家中的明清黄花梨座椅也仅仅被视作普通家具用品。直到20世纪80年代，王世襄研究明代家具的两本著作《明式家具珍赏》《明式家具研究》，从造型、工艺、纹饰以及榫卯技术等方面挖掘了明式家具的艺术美和文化价值，在收藏界引起了轩然大波，藏家纷纷收藏明式家具，以拥有明式家具为荣，推动了家具收藏，古典家具才成为古玩交易中的重要品类。史树青在《古玩收藏鉴赏万事通》中对于古玩的分类就与赵汝珍的分类略有差异，他说："按现今古玩收藏的种类来看，属于古玩范畴的有陶器、紫砂、画像砖、瓷器、玉器、珠宝、古典家具、竹木牙角匏器、文房用具、玺印、青铜器、铜镜、古钱币、鎏金佛像、法器、石造像、擦擦佛、唐卡、刺绣、法器、漆器、金银器、珐琅器、玻璃器、钟表、照相机、鼻烟壶、奇石、古籍善本、邮品、书法、绘画、文革物品等数十种之多。"显然，像古典家具、文革物品、古钟表、老照相机等都随着历史的前进而成为古玩交易的重要品类。

（三）古玩的价值

古玩具有艺术价值、历史价值、研究价值、收藏价值等。古玩属于艺术品，古玩首要的价值在于其艺术价值。例如，同样时期的青花瓷器，官窑和民窑的价值不同，就在于其艺术水平不同，包括胎体是否细腻、色泽是否纯净、造型是否优美、工艺是否精细等。一件精品瓷器，首先要具有一流的艺术水准，否则，即使年代久远，也未必有什么价值，当前市场上高古瓷的价格难比明清瓷器，固然有流通渠道的问题，但更多的是高古瓷艺术价值不好确定的问题。

古玩是一定的历史文化的产物，它凝结了那个时代劳动人民的心血，反映了时代环境，体现了当时的审美情趣，是时代的活化石。历史一去不复返，也无法还原，但一件件玉器、瓷器、字画上可以折射时代的景象。例如，《清明上河图》让我们清晰地了解到宋代商业集市的真实面貌。西晋文学家陆机曾说："宣物莫大于言，存形莫善于画。"①意大利著名画家达·芬奇则说："绘画依靠视觉……绘画不同于文学，不须各种语言的翻译，就能像自然景物一样，即刻为一切人通晓。"②不仅绘画如此，其他品类的古玩亦如此。可见，古玩是历史的见证、记忆的延伸，历史价值是其重要的价值。

古玩是具有艺术价值和历史价值的历史遗留器物，所以也成为专家学者的研究对象。古玩器皿的造型、纹饰以及工艺是人类认识世界、改造世界的有力武器，也是人类历史最基本的传播手段。通过新石器时代的舞蹈纹彩陶盆上那翩翩起舞的人群，我们可以看到原始社会群落模仿牛兽、欢歌载舞的场面，这也是当时生产力水平最好的诠释。也就是说我们可以通过历史遗存下来的古玩，研究当时社会的政治经济、文化生活、技术水平，因此，古玩具有很高的研究价值。

古玩作为历史遗留之物，它的存世量总是有限的，而且越来越稀缺，因此吸引众多收藏者参与到古玩的收藏中，使其具有很高的收藏价值。收藏者的鉴藏活动是收藏者与古玩相互交流的过程，收藏者融入其中，感受古玩的独特艺术魅力，产生情感上的愉悦，实现收藏者与古玩之间的心灵对话，进而通过这一过程实现对人类自身力量的印证。正如马克思所言："人不仅仅是自然存在物，而且是人的自然存在物，也就是说，是为自身而存在着的存在物，因而是类存在物。他必须既在自己的存在中也在自己知识中确证并表现自身。"③收藏的过程正是实现人类发现自我、认识自我的过程，这正是古玩具有收藏价值的原因。

①俞剑华.中国画论类编［M］.北京：人民美术出版社，1986：13.
②芬奇.芬奇论绘画［M］.戴勉，编译.北京：人民美术出版社，1979：17.
③马克思，恩格斯.马克思恩格斯全集：第42卷［M］.北京：人民出版社，1979：169.

三、文物及相关概念的界定

（一）文物的概念

总体来说，文物是指在社会上或地下的由历史遗存下来的文化遗物。具体来说，中国社会科学院语言研究所编辑的《现代汉语词典》中称文物是"历代遗留下来的在文化发展史上有价值的东西，如建筑、碑刻、工具、武器、生活 器皿和各种艺术品等"。《辞海》中对文物的界定有两层含义：①遗存在社会或埋藏在地下和水下的人类生产和生活的文化遗物。②旧为礼乐、典章制度的统称。杜甫《行次昭陵》诗："文物多师古，朝廷半老儒"。文物最早的含义接近《辞海》中所说的第二层含义，《左传·桓公二年》中记有："夫德俭而有度，登降有数，文、物以纪之，声、明以发之，以临照百官。百官于是乎戒惧，而不敢易纪律。"文中的"文、物"是分开的，与今天的"文物"含义有所差别，因此，对于这是否是"文物"最初的含义，许多人说法不一，但不可否定的是根据上下文意，此处的"文、物"确实与《辞海》中所说的"礼乐、典章制度"有关。"文物"一词正式出现是在南朝时期，范晔的《后汉书·南匈奴列传》中记有："乃诏有司开北鄙，择肥美之地，量水草以处之。驰中郎之使，尽法度以临之。制衣裳，备文物，加玺绶之绶，正单于之名。于是匈奴分破，始有南北二庭焉。"但此处的"文物"一词的含义与现在所说的"文物"一词的含义差别很大，与先秦时期却无甚差异。到唐时，除了沿用这一含义外，同时也出现了指前代遗物的含义了，渐渐地接近现在的说法。宋代时，一般用"古物""骨董"指代此义，直到清乾隆时，又盛行"古玩"的说法，并被今人沿用。在新中国成立后，"文物"一词指代的含义发生了变化，那些具有重大历史意义的纪念性遗存也被包含进来，"古玩""古物""骨董"等词无法涵盖如此众多的含义，而"文物"一词似乎更恰切一些，于是，"文物"的概念就被广泛应用起来。到1982年，《中华人民共和国文物保护法》把文物的含义用国家法律的形式固定下来，其时间范围不再限于古代，近现代甚至当代的都被包含进来。《中华人民共和国文物保护法》第三条规定，文物分为"珍贵文物和一般文物"，又指出"珍贵文物分为一级文物、二级文物、三级文物"。文物包括两大类：可移动和不可移动。可移动文物，顾名思义就是在一般情况下可以方便携带，进行空间转移的器物，主要有玉器、青铜器、陶瓷、书画、铁器、木器、牙器、骨器以及其他杂项等；不可移动的文物，就是指不能随便进行空间转移的古文化遗址，主要有古建筑遗迹、古墓葬洞窟、古雕塑岩画以及摩崖石刻等。随着时间的推移，近现代一些具有纪念意义的历史文化遗产也被列入文物的保护范围，如抗日战争、解放战争时期的革命烈士纪念遗物与遗址等。

（二）文物与古玩的异同

从以上分析中可以看出，文物与古玩都是人类历史生产活动中遗留下的，具有一定历史价值、艺术价值、研究价值的人类文化遗产。狭义上的古玩，是文物中不可移动的部分，古玩属于文物，但文物不都是古玩，像古建筑遗迹等不可移动文物属于文物，但不是古玩。古玩更侧重于玩味、鉴赏之意，具有不可再生性。随着古玩的数量的减少，以及人们对于古玩收藏的狂热，一些限量的艺术复制品也被人们所收藏鉴赏，成为古玩的一部分，这就是广义上的古玩，而这一部分并不属于文物，不符合文物的定级标准。

四、本文古玩交易市场中的"古玩"的研究范围的界定

古玩交易市场的"古玩"并不全属于古玩的范畴，有许多现代工艺品、复制品以及当代的非物质文化遗产等市场主体都在那里经营。作为一个共同经营的场所，在研究时无法将他们完全割裂开来，所以在讨论古玩交易市场的经营模式、产业发展时，市场经营的所有古玩或非古玩都是研究的范围。

第一章

古玩交易机制的
核心理论

古玩交易市场是由古玩商户、收藏者、鉴定机构、交易中介以及外部经济、政治环境等因素构成的整体架构，它们之间相互作用、相互影响的过程与原理就是古玩交易机制。古玩作为艺术品，是一种特殊的商品，不同于普通商品。古玩具有艺术价值、学术价值以及历史价值等，这些价值不是一般人能识别的，只有具有一定的古玩知识或实践经验的人才能真正理解其价值所在，也就是说古玩的价值不是每个人能理解的，其知识只是掌握在一部分人手中。因此，古玩交易双方对于古玩的信息是不对称的，古玩交易市场是典型的信息不对称市场。在这种情况下，对于交易市场信息的掌握是决定交易双方谁能在交易中占据优势的决定因素，而古玩的真假问题是交易信息的关键，仿品、伪造品、赝品与真品、精品之间的价格差距很大，拥有的信息较多的一方就有可能利用所拥有的信息来获取利益。古玩交易市场有"不找后账"的行业规则，这在一定程度上有利于信息不对称的古玩交易市场的稳定，但也会滋生一些问题，有的卖家会依靠自身的信息优势来欺骗消费者，甚至有的商家利用假货，以谋取巨额利益。当然买方也会因不具备鉴定知识而出现损失惨重的情况，但也会因为拥有多于卖家的交易信息，而使自己在交易中处于有利地位。因此，信息不对称理论是古玩交易机制的核心理论。

第一节　信息不对称理论

一、信息经济学的发展历程

"信息不对称理论"是随着信息经济学的发展而产生的。信息经济学是在市场经济发展过程中，在对新古典主义经济理论体系的挑战中建立起来的。新古典主义经济学者假设市场中的经济活动是处于完全竞争的状态，市场中的参与者是完全理性的，而且对交易市场拥有完全信息；因此，新古典主义经济学认为市场经济环境是完全可以确定的。而在现实的经济生活领域，交易双方不可能拥有全部信息，信息不对称现象是普遍存在的，运用信息不对称现象分析市场交易行为和市场运行规律更具有实际意义。信息不对称理论是信息经济学的一部分，而且不对称信息与不完备信息等理论也具有很大的联系，在信息经济学的发展中，这些理论的发展都是联系在一起的，并不是割裂开来的；因此，追溯不对称信息理论的渊源，要从信息经济理论方面着手。

　　较早参与到信息经济学的研究中的美国的索尔斯坦·凡勃伦（Thorstein Veblen），于1919年出版了《资本的性质》一书，他认为知识的获得就是寻找更多信息、增加资讯的过程，而且这一过程对财富的获得具有重大意义。随后，许多学者对新古典经济学的假设从各个角度提出了质疑。弗兰克·奈特（Frank H. Knight）在其著作《风险、不确定性和利润》中指出经济环境中存在着诸多不确定性。缺乏信息会使人在市场中处于被动地位，面临决策风险。为了获取安全感，在市场竞争中摆脱不利地位，人们就会努力获取更多信息，以利于自己在不确定的环境中找到方向，获得利润。而信息的重要程度与市场竞争程度，以及市场环境的不确定性成正比。1949年，弗里德里希·哈耶克（Friedrich A. Hayek）的《社会中知识的利用》中指出信息可以成为人们获取收益的方式。因为市场并不是处于完全信息状态，信息不是任意可得的，人需要拥有获得信息的能力，并将其转化为经济收益。20世纪50年代肯尼思·阿罗（Kenneth Arrow）在题为《信息经济学》的论文中强调了在不确定性环境中信息的重大意义。因为当环境不确定时，人们就无法对下一步的经济活动做出正确决策，人们必须花费一定的人工成本以及经济成本来寻找较为准确的信息，以利于决策的进行。而且不确定性程度与付出的成本是呈正比的，也就是说环境越不稳定，需要找寻的信息就越多，而所花费的成本就越高；相反成本越少，从某种角度说，也意味着收益的增加。雅各布·马夏克（Jacob Marschak）也是对信息经济学具有重大贡献的学者。先后发表了很多相关著作，如《完备和不完备信息条件下流动性的作用》《面向组织和信息的一个经济理论》等，从完备与不完备信息、组织理论等方面探讨了信息经济学中的问题，也是最早明确提出完备、不完备信息理论的学者。雅各布·马夏克的另一重要贡献在于《信息经济学评论》的发表，这意味着信息经济学的诞生。

此后，信息经济学的理论体系逐渐建立起来，这是众多学者、专家努力的结果。乔治·施蒂格勒（George Joseph Stigler）就是其中之一。他在 20 世纪 60 年代发表了《信息经济学》《劳动市场的信息》以及《论寡占》等一系列的论文，彻底颠覆了新古典主义经济理论中对于完全信息的假设。他指出信息在市场经济中占有很重要的地位，但并不是所有人都能获得所有信息，并不是所获得的信息都是有用的信息，人们要选择有利于自己的信息，这一搜寻过程是需要付出一定成本的，需要经济代价的，因此信息在一定程度上可以成为人们获利的手段。他以此为基础提出了信息搜寻理论，该理论成为微观信息经济学的基础理论之一。

20 世纪 70 年代末到 20 世纪 80 年代初，信息经济学不断向系统化、理论化方向发展。特别是到 20 世纪 80 年代，出现了一系列相关的专著，如加兰廷（M. Galatin）和莱特（R. D. Leiter）合作的《信息经济学》、乔治·施蒂格勒的《信息经济学》等。此后，信息经济学研究的热潮在世界各国蔓延开来，特别是那些经济发达国家的经济学家，都开始从多个方面对其进行研究，促使其向纵深发展并逐渐成为高校教育中的一门学科。

二、信息不对称理论的主要内容

信息不对称理论是信息经济学的一个分支，是信息经济学中的重要内容。在信息经济学日趋成熟的今天，信息不对称理论也已经有了一定的理论基础，如信息搜寻理论、"委托人－代理人理论"、信号传递理论等，并与博弈论、现代契约理论、制度经济理论等理论相结合，在当前市场经济条件下被广泛应用于保险、电子商务、古玩交易市场、劳动力市场等信息不对称的行业，以分析这些市场中信息不对称的原因、对市场经济的影响以及应该采取的策略等。

信息不对称理论的发展离不开众多专家学者的努力，其中乔治·阿克洛夫（George A. Akerlof）、约瑟夫·斯蒂格利茨（Joseph E. Stiglitz）、安德鲁·迈克尔·斯彭斯（Andrew Michael Spence）、詹姆斯·莫里斯（James A. Mirrlees）等人在这一方面做出了重要贡献。19世纪70年代，这些学者在信息经济学的研究成果的基础上，将信息不对称的研究不断向现实的市场深入，把理论与实践结合起来，并将其逐渐应用到市场实践经验中去，使信息不对称理论不再限于空洞的理论研究；同时，通过实践的检验，使其理论基础更加坚实，进一步向纵深发展，逐渐丰富起来。相关学者不但完善了信息不对称理论，还通过具体的市场环境，对市场中出现的信息不对称现象做了分析，探析其本质、影响因素，并提出当自身处于信息不利的情况下时，如何摆脱不利地位、减少风险的策略。1970年，乔治·阿克洛夫发表的《"柠檬"市场：质量的不确定性和市场机制》就探讨了二手车交易市场中的信息不对称现象，对市场的信息不对称的本质问题，以及对市场带来的影响等做了深刻的探讨。

信息不对称理论应用的另一个重要市场是劳动力市场，斯彭斯在这一领域做出了杰出的贡献，他于1973—1974年发表了关于劳动力市场不对称信息问题的文章，其中《劳动力市场信号发送》与《市场的信号发送》这两篇文章不但奠定了信号理论的基础，还指出了劳动力市场的不对称信息现象。他认为，劳动力市场是信息不对称的市场，雇主不能完全了解雇员的情况，只能依靠雇员自身提供的信息来判断是否给予雇员工作机会以及薪酬水平；雇员为了得到工作机会，会更多地提供有利于自己的信息，而隐瞒不利于自己的信息。在这种情况下，雇主要对雇员所提供的信息进行甄选，其判断信息的能力将成为能否为公司挑选合适的人才以及给予符合雇员能力水平的薪酬的决定因素。因此，雇主会选择较好获得的信息作为判断雇员真实信息的参考，教育水平就是其中重要的因素。在劳动力市场上，教育水平成为很多人力资源专员最为重视的一项因素，不仅因为这是雇员能力的表现，更重要的是这一项因素是最易甄别的信息。

保险市场也是典型的信息不对称市场，斯蒂格利茨是在这一领域做出重要贡献的学者，他在《竞争性保险市场的均衡：论不完备信息经济学》中指出了这一问题。保险人和投保人的信息是不对称的，比如保险人不能得知投保人的全部信息，投保人解读保险条款后，可能会向保险人提供给自己带来利益最大化的信息，而忽略不利于自己的信息；投保人也会因对保险条款没能深度解读而使自己处于不利地位。因此，信息的搜寻、解读、甄别对于双方来说都是很重要的，特别是处于信息不利地位的一方，要通过多种渠道和方式来鉴别、过滤信息，最后筛选出准确的信息，以改善自己所处的不利地位，降低风险。斯蒂格利茨与桑福德·格罗斯曼（Sanford J. Grossman）合作发表了《信息与竞争性价格系统》，在该文中提出了"格罗斯曼－斯蒂格利茨悖论"。新古典主义经济理论认为信息是任何人随意可得的，没有什么价值，人们可以获得全部相关信息，并以此作为判断事物发展趋势的依据。比如当期的价格信息是可知的，其价格的相关信息也是完全公开的，因此可以据此来确定未来的市场价格。而事实恰恰相反，信息不是像空气一样任意可得的，并不是对所有人完全公开的，没有人能得到全部市场信息。对于市场价格来说，价格是由很多因素促成的，许多因素是未知的、不确定的，因此人们无法通过当前的价格来准确掌握全部的市场动向。莫里斯等人又将这一理论进一步加以研究，发展成为"委托人－代理人理论"。

典型的信息不对称市场还有古玩交易市场，国外在这方面的研究较少，国内有些专家、学者已经开始探讨这个问题。谢识予在《经济博弈论》中对古玩交易市场的信息不对称问题做了解读，在古玩交易市场中交易双方的心态不同于交易普通商品，古玩的价格很玄妙，而且买卖双方交易时面临不确定因素。在对古玩交易市场的交易做出一定分析后，谢识予指出"古玩交易通常是一种不完全信息的动态博弈，也即动态贝叶斯博弈"。

古玩是一种特殊商品，鉴定其真伪、判断其年代的程序复杂，只有少数人能掌握其中的诀窍。在古玩交易中，谁掌握了更多的信息，谁就在市场中处于有利地位。交易结果与交易双方对信息的掌握程度相关，而且古玩交易的行业规则是"不找后账"，也就是双方在交易时凭借自己的知识来判断价格的高低、交易成本以及未来的收藏价值，交易过后双方不能以各种理由反悔而撤销交易，因此交易双方的交易过程就是相互博弈的过程。

三、信息不对称的原因及影响

信息不对称现象普遍存在于各个经济生活领域，在现实的市场环境中，交易参与者因为获得信息的能力、方式、渠道不同，掌握的关于交易商品的信息存在明显的差异。在交易中，拥有更多信息的一方将比另一方更具优势，从而导致另一方在市场交易中处于不利地位。

信息不对称的原因是多方面的。首先，人们的认识能力、学习能力、获取信息的能力以及知识储备基础是不同的，那些基础好、学习能力强的人较其他人需要更短的时间或付出较小的代价就有可能掌握更多的信息。同一学校、同一教室的学生的成绩却不同，甚至有的人成为杰出的人才，而有的人却碌碌无为，因为他们获取知识、信息的能力不同。其次，人们的时间、精力是有限的，而知识却是无限的，在有限的时间里，人们再努力也只能管中窥豹，在某一个领域的某一方面有所建树已经很了不起，要不"学海无涯苦作舟"这句话也不会成为许多人的励志格言。正是因为人们可掌握的知识是有限的，人们要最大限度在自己的专业领域里进行深入的学习，就不得不放弃其他领域研究的机会，于是人们在知识的掌握上就要受到专业领域的限制。当然在某专业领域的专家学者在这一领域的知识信息必然要高于普通人，专家学者和普通人之间掌握的信息是不对称的；而在该领域的专家对于另一领域的专业知识却是有限的，因此信息不对称是相对的。例如，美术史领域的专家相对于普通人来说，掌握了高于普通人的美术理论方面的知识，而在医学领域，他的知识是有限的，知识储备几乎不会高于一个普通医生。而医学领域的专家的知识当然比一个普通医生高。即使同是在医学领域，一个外科医生对于眼科方面的知识也是有限的。分工越来越细化的今天，各个领域的人才越来越专业化，在某一个领域是专业人才，而在其他领域的知识却寥寥无几的人比比皆是，何况那些普通人呢！最后，在市场交易中，交易商品以及商品质量等信息是交易是否能成功的关键因素。有的商家为了成功交易，并依靠所掌握的信息在交易中获利，会有意地对顾客隐瞒商品的某些信息，致使他们之间的信息是不对称的。在这种环境中，信息就像一种商品一样，成了获取利润的工具，而信息获取较少的一方有时会依靠信息较多的一方进行市场交易。

信息不对称的市场交易会产生不良影响。一方面，当交易一方依靠另一方的信息进行市场交易时，他们之间就产生了委托代理关系，需要信息的一方是委托人，而掌握信息的一方是代理人。但委托人对代理人的行为是无法进行全程、彻底的监督的，代理人是否为委托人提供了全部信息知识是不确定的，只能依赖委托人的道德品质。有些委托人就可能会凭借自己所掌握的信息产生"败德行为"，因此要制定一定的激励机制以保障委托人的权益。这也是莫里斯的"委托人－代理人理论"的主要观点。另一方面，在现实的市场环境中，很难拥有全部的市场信息，买方如果没有充分的信息储备，在市场交易中会处于劣势。在这种情况下，买方为了规避风险，降低损失，就会选择以压低价格来改变不利地位，而市场中的优质产品因成本高、价格高，而得不到消费者青睐，无法生存，最后不得不退出市场，于是就产生了"恶币驱良币"的现象，最终市场中几乎全是次品，这样的市场叫"柠檬"市场。

第二节　古玩交易的构成要素及行业规则

一、古玩交易的构成要素

古玩交易市场的构成要素分内部要素和外部环境要素。古玩交易市场的内部要素主要由古玩交易市场的参与者及中介机构组成，如商户、收藏者、鉴定机构等。古玩交易市场除了内部要素外，还受外部环境要素的影响，如国家政策、法律法规、经济形势等。

交易市场要有供应方和需求方，古玩交易市场的供应方是古玩商户，当然他们不是古玩的生产者，只是古玩的收集、收购及出售者。古玩不能被批量生产，是历史遗留的器物，所以古玩具有不可再生性。现在的古玩大部分陈列在国家各类博物馆中，或被私人收藏家拥有，仅有极少的一部分散落民间；因此，随着古玩在市场上流通数量的减少，古玩商户在收购、收集方面需要花费更多的精力。古玩商户收购的渠道多种多样，大型的古玩店铺老板一般通过拍卖、古玩艺术品交易博览会、海外回流以及同行或收藏家转手等渠道进行收购，而小的古玩摊贩一般通过到农村或偏远地区收购。古玩的价值是较难判断的，古玩商户对古玩要有一定的鉴赏水平，而真正掌握古玩的知识需要长时间的磨练，非一朝一夕之功。一般情况下，没有商户愿意增加费用去请第三方鉴定机构来帮助进货，因此古玩商户要想有所成就，专注于自己擅长的品类是比较理想的选择。那些在高档古玩城经营的商户一般都具有自己的专长。北京的各大古玩城，如北京古玩城、佰汇古玩珠宝城、天雅古玩城等，在店铺的管理方面都是分区域集中管理，大多被划分为瓷器、玉器、佛像等区域。

在古玩交易内部要素中，另一个重要的组成部分就是古玩者，即收藏者。尽管那些古董器皿的创造者已经随着时间的远去而早已消失在历史的角落，不能来宣传他们的创作思想、艺术构思，但他们的劳动成果仍闪耀着时代的印记。许多收藏者有将其保留、鉴赏的需求，就产生了古玩消费者这一群体。随着古玩的价值不断被挖掘，越来越多的人收藏古玩，当然这些收藏者的目的是不同的，有的人注重古玩的投资价值，有的人是出于感情需要，有的人是出于学术研究的需要。第一种和第三种收藏者一般来说是理性的，分别关注古玩的投资空间和研究价值。第二种收藏者有时会处于有限理性的状态。比如有些人出于对毛主席情感上的崇敬，大量收藏毛主席像章，多达上千枚。当然收藏爱好本无可厚非，但过度痴迷就会产生不理智的行为。

古玩交易中的另一个重要的组成部分就是古玩鉴定机构。由于古玩的特殊性，其价值判断的难度很大，加上每个人的认识能力有限，人们对于历史悠久、品类繁多的古玩的信息是不完全的。一般来说卖者和买者之间存在信息不对称的情况，为了公平交易，以免产生不必要纠纷，就有必要请第三方鉴定机构或个人来鉴定、评估商品的价值。古玩鉴定在古玩交易中具有重要的作用，可以为古玩鉴定真伪，降低收藏者风险，净化市场环境。

除了以上的内部要素外，古玩交易市场还处在经济、社会、法律、文化构成的环境中，这些外部环境要素是古玩交易机制的重要因素，因为市场不能脱离环境而存在，古玩也不例外。古玩交易市场与国家政策、法律法规联系密切。国家政策对于文化艺术产业的支持，可以使古玩交易市场获得更多资金、人才、税收等方面的支持，促进古玩交易市场快速、健康发展。以前，琉璃厂书肆的快速发展就得益于乾隆时期《四库全书》的编纂。这一举措使古籍善本、文物图书等需求大增，各地书商齐聚京城，使琉璃厂书肆盛行，后来发展成为著名的古玩交易市场。法律法规对于古玩交易市场是非常重要的外部环境要素，因为狭义上的古玩属于文物，而我国《中华人民共和国文物保护法》对于文物交易具有严格的规定，所以在古玩交易中要严格按照国家法律法规的规定进行交易，不得进行不合法的文物交易。另外，经济形势的好坏会对古玩交易市场产生重要影响；因为古玩并不是日常用品，而是奢侈品，它主要满足人们高层次的精神生活的需要，只有当人们满足了最基本的物质生活后，才会有收藏古玩的需求；因此经济形势的变化会对古玩交易需求状况、社会购买力以及整体市场产生重要影响。

二、古玩交易的构成要素之间的关系

艺术市场是由各个构成要素之间相互联系、相互作用的结果。正如乔治·迪基在《艺术与审美》中说道："艺术世界的全体核心是被松散地组织起来但又相互联系的。包括艺术家、博物馆馆长、上博物馆参观的人、上剧院看戏的观众、报纸记者、各种出版物的批评家、艺术史家、艺术理论家、艺术哲学家和其他人在内的一群人。这些都是保持艺术世界的机器运转，从而保证它继续生存下去的人们。"古玩交易市场也不例外，在这一交易市场中，商户、收藏者、鉴定机构等是交易市场的主体，再加上外部环境要素等构成了古玩交易市场的整体架构，他们之间相互作用、相互影响，保证市场的正常运转，使古玩在商户、中介、收藏者之间正常流通，完成古玩流通的过程。完备的古玩交易市场机制的形成，需要各个构成要素的相互配合。对于商户来说，是否诚信对于发展交易双方的互动关系，推动古玩交易的顺利进行以及长远发展至关重要。商户要以诚实守信为基本原则来进行经营活动，从长远出发，摒弃单纯追求短期利润的目的，用实际行动对出售的每一件古玩负责，对收藏者或投资者负责，在交易双方的相互信任中完成交易，从而建立与收藏者长期的合作关系，使自身在行业内形成良好的口碑，不断扩大影响力，把临时客户变成长期客户，让老客户带来新客户，形成良性循环。

古玩研究、鉴定机构在古玩交易中发挥着重要的作用，它是古玩价值的发现者、诠释者。古玩历史久远，其制作工艺、用料、纹饰等都是当时社会生产力的反映，随着时代的发展，许多工艺及原料都已无迹可寻，对古玩价

值的认识需要专业的知识。许多古玩的价值就是经过学者、专家的研究才被人们所认识，比如当代对于古典明清家具的收藏热，就是因王世襄关于明清家具的研究，才引起收藏者的注意。古玩鉴定机构也起到中介的作用，可以为古玩做出价值的正确判断，同时调和交易双方的关系，促进商户、收藏者间的交易顺利进行。中介可以是一个人，也可以是一个机构。前琉璃厂古玩店铺兴盛的时候，有许多故事与古玩鉴定有关。如交易双方在市场中遇到因难以判定古玩真实价值，而发生纠纷的事件，就要请专业的鉴定人员进行鉴定。当时没有专门的鉴定机构和人员，负责调解的专业鉴定机构一般是指古玩商会，鉴定人员多数是会员。老字号天和斋就有这样的一个故事：当时的少掌柜郭静安从古玩商会串货场以 2 000 大洋的价格购买了雍正官窑粉彩蝶恋花碧桃大盘，掌柜郭小臣却认为这是仿货，与卖方理论起来，后找古玩商会调解。古玩商会找来了会员及老会长赵佩斋共同鉴定，判定这个盘子是真品，才还了卖方一个公道，也让买方天和斋确认了这件文物的价值。可见，古玩鉴定机构对于买卖双方都是具有重要意义的，是古玩交易市场重要的组成部分，它与市场的良好互动，有利于市场的稳定。

古玩交易市场的内部要素与外部环境之间也会相互作用。古玩记载了中华民族几千年的文化历史，许多古玩是国之珍宝，因此政府对于古玩交易市场的政策纲要以及相关法律法规，对古玩交易市场具有重大影响。新中国成立后到 20 世纪 80 年代以前，古玩交易市场几乎是处于秘密的地下交易状态，这与国家的文物保护政策不无关系。中央人民政府政务院于 1950 年颁布了《禁止珍贵文物图书出口暂行办法》，随后又出台了关于相关个人不得参与文物艺术品买卖的法律法规，因此这一阶段是没有公开的古玩交易市场的。到 1982 年，《中华人民共和国文物保护法》出台，其中第五十五条规定："除经批准的文物商店、经营文物拍卖的拍卖企业外，其他单位或者个人不得从事文物的商业经营活动。"从规定上看，这时并没有完全放开文物的民间市场交易，而是确定了国有文物商店在文物收购方面的法律依据，同时又严禁民间私人买卖文物，更严禁向外国人出售文物。国有文物商店专营对文物保护起到一定的作用，但因其出价一般都很低，所以收藏者一般不愿意将手中的藏品出售给文物商店。李维基的《藏事风云录》记录了20世纪80年代他到文物商店卖东西的故事，负责收购的商店人员给清顾复初的绢本镜心儿设色山水小品出价20元，给"戊戌翰林"段大章的纸本立轴七言对联才出价5元。可见，当时文物收购商店的价格是不足以吸引那些收藏者的。

秘密的走私倒卖在当时也屡禁不绝。北京最早买卖旧货的福长街上，就有人将瓷器、鎏金佛像、字画等装进旧家具里偷着卖，购买的有国内外的收藏者，也有文物贩子。文物贩子收购古玩后，会再高价卖出，赚取差价。因为害怕执法部门，他们一般流动作战，不会固定在某个场所交易。因此当时的文物交易活动就有两条主要渠道，一条是法律规定的国营文物商店，另一条就是地下交易市场。这说明当时关于文物方面的法律法规虽然在一定程度上起到了保护文物的作用，但是因为当时法律规定的交易渠道单一，交易价格低，所以并没有真正阻止文物私下流通。关于禁止文物民间交易的法律规定对当时的古玩市场并没有起到实质性的作用，已经不适应当时国内的文物市场了。当时有些专家、收藏者就呼吁允许文物在国内民间流通，比如王金昌发表在《光明日报》上的《既要堵又要疏》的文章，就是针对文物流通方面的问题提出的观点。随着改革开放的深入，香港文物拍卖第一槌应声而落，禁止文物民间流通的政策越来越不能适应古玩市场的发展趋势。到20世纪90年代时，国家对于古玩交易方面的政策慢慢地松动起来，虽然没有明确的政策出台鼓励民间交易，但也不再明令禁止。借旧货市场的名义开办起来的交易市场开始兴起，北京朝阳区潘家园旧货市场就是在这一时期创立起来的。在潘家园旧货市场附近，原来的劲松民间旧货市场也改建为北京古玩城，古玩交易实际上已经公开进行，不再遮遮掩掩。新形势呼唤新的法律规范，2002年10月，《中华人民共和国文物保护法》被重新修订后颁布，从法律上认可了文物的民间流通活动。此后，文物交易市场就繁荣起来，在全国范围内相继出现了很多文物交易市场。

国家政策不仅对国内交易市场的兴起和发展具有重大作用，对于流散于海外的文物的回流也具有不可估量的意义。我国于 1995 年恢复了"文物复出境制度"，这一政策对我国文物回流产生重大影响。据统计，我国从 1995年恢复"文物复出境制度"以来，文物回归量大幅上升。1996 年前，海外回流文物不超过国内文物拍品总数的 20%；到 2005 年，这一比例已经上升到40%。保守估计十多年来，通过拍卖回流到国内的中国文物艺术品逾 5 万件。

三、古玩交易行业规则

行业规则即行规，是行业内部在长期的市场实践中形成的约定俗成的规则。古玩交易双方在进行古玩交易时，为了自我约束，交易双方必须自觉遵守古玩交易行业惯例。早期古玩交易市场虽然发展很快，但没有专门针对古玩交易市场的法律，主要还是靠古玩行业的行规来进行规范。了解古玩行业的行规首先要懂得古玩市场中的行话，比如漂亮货、行货、打眼、吃药、捡漏、掌眼等。"漂亮货"是指品相良好、保存完整、工艺精美的古玩。"行货"是与漂亮货相对的古玩，确切地说是指造假工厂批量生产的工艺品或者赝品。"打眼"是形容用高价买到价值低的古玩；购买古玩是要考验买方的眼力的，高价买到价值低的古玩，说明买方眼力不够，所以叫打眼；与打眼的含义相近的还有吃药、交学费等。"捡漏"则恰恰相反，是指用很低的价格买到了价值较高的古玩，或者用购买一件赝品的价格买到了一件真品甚至珍品；这种情况下，买方可就捡到便宜了，卖方因眼力不够，把珍宝当成垃圾漏掉了，被买方无意或者被买方发现其价值而买走，所以叫捡漏。"掌眼"是指请第三方鉴定机构或个人来帮助鉴定古玩的真伪及价值，以保证买家在古玩交易中，买到真品或漂亮货。古玩行业的行规很多，在交易中、交易后以及交易过程中都有相应的规则。首先，古玩交易过程与普通商品的交易有很大差异。对于普通商品，可以有其他人在场讨论质量以及价格等问题，但古玩交易中却不欢迎其他人擅自参与古玩的价格、时代等信息的讨论。因为所交易器物的价格、真伪、价值等信息是要保密的，而且古玩的价值是很难判断的，有时人们的判断是"仁者见仁，智者见智"的，如果让其他人擅自参与交易器物的鉴定、估价会影响交易的顺利进行，这种行为是不受买卖双方欢迎的。其次，不同于普通商品，古玩不可以随时退换货。古玩交易结束后，无论是卖方卖便宜了，还是买方买贵了，都需自行承担后果，不能退换货，这就是古玩行业的规则之一"不找后账"。买方"捡漏"了，卖方不能追回所卖之物，买方"打眼"了，也就算是在古玩行业"交学费"了。古玩行业的交易基本靠商家的口碑来维持，要想在古玩行业站稳脚跟，商家高水平的眼力、良好的诚信很重要。眼力好才能收购到有价值的真品、精品；诚信经营才能赢得客户的信任。商家除了自己要有眼力，管理好自己的经营外，还要对古玩行业内的信息保密，不能对其他商户的古玩的真伪、价位进行评论或发表看法。

古玩交易行业内的规则，虽然不具备法律依据，不承担法律责任，但是无论是消费者还是经营者，如果不遵守行业内的这些规则，很难真正参与到这一行业中。这些行业规则中，最重要的就是遵守"不找后账"的规则。"捡漏""打眼"是古玩交易市场常见的现象，而在古玩交易市场中无论你是"捡漏"还是"打眼"，双方都不能找后账。

这一古玩交易规则看似不公平，却在一定程度上维护了市场稳定。形成这一行规的重要因素是交易的"商品"——古玩的特殊性。首先，古玩的艺术价值及价格一般只有具有专业知识的专家、学者、鉴定家等才能判断，但毕竟专业人士还是比较少的，而且古玩的品类多样，专业人士的知识毕竟也是有限的。我国著名的鉴定大家徐邦达都说，他不是全才，而且现在的造假手段越来越高明，鉴定工作要谨慎行事，否则他也有可能看走眼。尽管他的话含有谦虚之意，但可见鉴定古玩不是很容易的事。对于同一件古玩，不同专家的鉴定结果也会不同，即使鉴定界的泰斗级人物，也难免会出现偏差和失误。比如，中国拍卖业第一案中，对于张大千《仿石溪山水图》的鉴定，徐邦达将其鉴定为摹本，而书画鉴定专家谢稚柳却认为是真迹。两位都是大师级的鉴定专家，对同一件作品的看法却截然相反，更何况其他人呢！古玩的不可再生性使这方面的资源越来越少，因此也会出现一些仿制品，这些仿制品中，有的也有很高的价值。比如，元代是少数民族统治的政权，但当局者很喜欢中原文化，政府提倡仿造古物，并设有专门机构来制作仿古器物，这之中也出现不少珍品；另外，明宣德时期的宣德炉，就是根据古铜炉仿制的，也达到了很高的艺术水准，具有极大的收藏价值；还有因明式家具成为古典家具制造的高峰，于是清、民国以及现代都有明式家具的仿制品，现存的清及民国时期的仿明家具也具有很高的艺术价值，并受到收藏者的欢迎。因此古玩不能简单以是原作还是仿制品来判定古玩交易是否存在欺诈性行为，并以此来对交易的公平进行质疑。鉴于古玩价值判定的复杂性，如果按照普通商品的交易规则，在交易完成一段时间后，卖方认为自己购买的古玩的价格低于其价值就要求退换，那卖方在卖出一件古玩后的一段时间，也可以因卖出的价格远低于其价值而要求双方撤销交易。这将不利于古玩交易市场发展的稳定。

其次，古玩交易市场是典型的信息不对称市场，古玩知识、信息的获得是要付出一定成本和代价的，那些鉴定大师都是经过很长时间的努力钻研，才练就了一双"慧眼"。信息经济学这一概念的产生就是因为信息与经济是密不可分的，信息不是可以任意获取的，也不是任何人都可以得到交易的完全信息的，一定程度上古玩的信息是有一定价值的商品，许多专业鉴定师、估价师都是依靠所学的这些信息知识来谋生的；因此，对这些知识并不会无偿地任意分享，他们可以通过这些知识信息合法地获取利益。古玩交易市场的乐趣也正在于拥有一定专业知识的人有"捡漏"的机会，这也是促使从事古玩行业的人们不断学习、进步的原因之一。

古玩交易规则对于双方都是平等的，买方有"打眼"的时候，也有"捡漏"的时候；买方若"捡漏"了，卖方就是"打眼"了，买卖双方都不能"找后账"。买方购买回去的古玩，经过一段时间的检验后，发现其古玩的价格与价值不符，不能回来要求撤销交易。而那些"打眼"的卖方，对于卖出的古玩，经过一段时间的研究后，发现所卖价格远远低于其实际价值，也同样不能要求追回已经卖出的器物。

由于古玩不同于普通商品，其价值很难做出判断，其鉴定也需要专业人员来进行，即使在专业鉴定人员之间也会出现"仁者见仁，智者见智"的情况，而且在市场上无法找到同质商品加以比较，不能"货比三家"，况且古玩的准确价格本身是很难下定论的。因此，古玩交易达成后，"不找后账"这一行业规则，是为了维护市场主体的利益、推动市场交易顺利进行而逐渐确立起来的，有利于市场秩序的规范。这一行业规则也是有一定的道理的。

第三节　古玩交易市场信息不对称的因素

在现实的经济生活领域，信息不对称现象是普遍存在的，古玩市场是典型的信息不对称市场。一般情况下，商户对古玩的信息的了解程度多于购买者，在这种情况下，那些没有诚信的商户就有了欺骗购买者的条件，而购买者在对古玩信息不了解，又难以判断古玩的价值的情况下，就容易上当受骗。购买者在一般情况下是不会请专家鉴定的，因为请专家鉴定需要一定的费用，如果购买者认为所购买的古玩不值得花费这些成本，就不会请专家鉴定。如果购买者购买的古玩价格很高，就很有必要请专家鉴定。但在专家和购买者之间也存在信息不对称的问题，专家完全占据了信息的制高点，当专家遵守基本的道德原则时，他是购买者最好的参谋，为购买者提供有利于买方的信息，使古玩交易顺利进行；一旦专家出现道德诚信问题，不能提供可靠的信息，那么购买者将在交易中处于更不利的地位。况且那些收藏者在某种程度上还会出现有限理性的情况，有些收藏者并不具备深厚的鉴定水准，但因情感因素或社会趋同心理进行收藏，就会处于被动状态。

因此，古玩交易市场是典型的信息不对称的市场，是由在古玩交易市场中的交易对象——古玩本身的问题、收藏者的收藏素养的差异以及鉴定机构以及人员的道德等因素所决定的。

一、古玩价值及价格的不确定性

古玩在进行市场交换时具有商品的属性，但古玩又是区别于普通商品的一种特殊商品。对于普通商品来说，顾客消费的是商品的物质功能，这种功能具有同质性，在市场上可以找到其他同质商品，该类商品的价格相对透明。而古玩的价值在于其内在所蕴含的艺术价值、历史价值、研究价值、收藏价值等。而这些价值是很难估量的，它很难通过普通商品的价值规律来分析其价值所在，因为它们是独一无二的，无法在市场上找到等价物来进行比较。古董、名家作品等艺术品不能通过劳动再生产，它们的价格标准并不是具体的、准确的、严格的。古玩价值包含内在价值与外在形式，内在价值是指古玩这种历史遗留的器物所含有的历史价值、美学价值等，而外在形式是指古玩外在的形式美，包括古玩构成的材质、形式美感、工艺的精细程度等。如一件具有价值的家具要具备木质要好、年头要老、造型要美、工艺要精、保存要完整等多个方面的条件。

在古玩交易市场中，一件古玩未必会以与其价值相符的价格成交，因为交换价值还与其他因素相关，如藏品的存世量（即是否具有稀缺性），以及其价值是否被人们所认知，是否具有潜在的价值，流通变现的能力强弱等。古玩具有不可再生性的特点，藏品的存世量越少，越让人觉得珍贵，就越能引起收藏者对它的兴趣，其价格就越高；反之，则价格越低。古玩精品的市场成交价值之所以高得离谱，主要原因就是古玩的不可再生性导致其越来越稀缺。

稀缺性不是古玩交易市场价格的唯一标准，许多存世量大的古玩容易被社会认知，价格也会很高。社会认知度是决定市场价格的另一个重要方面。即使藏品的存世量很少、本身的价值很高，如果它的价值不被世人所理解、接受，那它在市场中的交易价格依然不会很高。提高社会认知度的一个方式是学者的研究，使其价值被世人所挖掘，引起社会的关注，进而引起收藏者的兴趣，增加市场需求，提高市场价格。如铜器中的铜佛像、铜镜、宣德炉等。在20世纪80年代，唐代铜器市场上藏家很少，价格很低，但随着相关器物研究的不断深入，许多专家发表了很多铜器收藏方面的专著，如张光远的《鎏金大明宣德炉》、陈擎光的《故宫历代香具图录》、黄光男的《双清藏炉》、贾文忠的《鉴宝专家贾文忠谈铜器收藏》等，使其价值不断被发掘，人们对它的认知度越来越高，市场价格就越来越高。2004年，乾隆时期的铜鎏金嵌百宝福寿香薰炉由北京瀚海拍卖公司以671万元成交；到2009年，中国嘉德国际拍卖公司又以268.8万元人民币的价格成交了一件唐代的海兽葡萄镜，刷新了铜镜拍卖的成交记录。

古玩的认知度，除了与相关专家的研究有关外，也与其现实功能相关。特别是家具类藏品，是否适合在现代化家居环境中摆放是一个重要的问题。现代的家居环境与古代很不一样，古典家具也是根据当时的家居环境来制作的，而现代家居环境已经发生了很大的变化，许多古代家具是不能与现代家居环境相匹配的。人们更热衷于收藏那些既具有艺术价值、历史价值，同时也能与现代的家居生活和谐共处的古典家具。例如，占据很大家居空间的架子床，虽然其艺术价值、历史价值很高，但现在人们的生活空间不如以前开阔，将架子床作为家居生活的一部分已不现实，其实用功能大大减弱了，受到大众认可的程度就低了，价格就不高。

古玩的市场价格也有名人效应，被名人收藏过或使用过，或与名人有联系的藏品，在价格上总会相对高于那些同类藏品。比如 2003 年王世襄收藏的十余件宣德炉以 38 万元的均价成交，其中清顺治冲天三足炉高达 166.1 万元，在当年的铜器、铜雕拍卖排行榜价格的前十名中，有四件是他曾经的藏品。这些藏品较高的价格与王世襄是我国著名的鉴赏家、收藏家有关，人们会把他的藏品、精品、珍品与价值高联系起来，对他的藏品比较信任，充满收藏信心。收藏者也会因其藏品被王世襄收藏过而产生骄傲的心理，所以名人收藏品的价格一路被推高。

二、古玩鉴定环节问题多

因为古玩价值判断的难度大，所以有时需要请专业鉴定人员进行鉴定，但鉴定环节也存在着很多问题。

（一）古玩鉴定缺乏客观标准

在科技日益发达的今天，尽管古玩鉴定也开始启用一些高科技的仪器，但只是针对一部分古玩品类或作为古玩鉴定的某个步骤，大多数古玩鉴定是缺乏客观标准的。首先，古玩具有独创性、唯一性、历史久远等特点，在当代找不到完全同材质标准的器物来进行科学比较。其次，随着古玩越来越被收藏者、投资者所钟爱，市场价格也越来越高，不法分子会制造伪品以冒充真品牟利，而且其造伪手法也越来越高明。如用旧料制伪，这就不能仅仅通过仪器来检测了，要根据纹饰造型、历史环境等因素，依靠鉴定者的知识素养来进行判断。因此，对于大多数古玩鉴定来说，还是依靠鉴定人员的"眼力"来完成，也就是专家在长期研究过程中的知识积累和敏锐的直觉力。

依靠"眼力"来进行鉴定工作是具有一定的主观性的，很难真正做到明察秋毫，丝毫不差。况且学无止境，鉴定专家也有知识盲点，判断失误在鉴定界是常有的事。中央电视台的《鉴宝》节目中的鉴定结果有时也会遭观众质疑，如 2005 年 5 月 14 日中央电视台的《鉴宝》节目中，一位持宝者的《牧牛图》被专家鉴定为吴作人真迹，而事后该作品被画家妻子萧淑芳质疑为伪作。况且，不同的人对古玩可能有不同的判断结果，即使那些鉴定大家也不例外。在2012年10月的一期《天下收藏》节目中，持宝人带来的甜白釉压手杯由在场的几位鉴定专家鉴定为现代仿品，没有什么价值；而后，其他鉴定专家却判定其为明代中期成化至嘉靖期间所造的寄托款器物，具有很高的文物价值。

（二）鉴定专家知识上的局限性

古玩鉴定是一门很深奥的学问，这与古玩品类繁杂，种类不胜枚举有关。经过中华民族几千年的历史演变，古玩刻有不同时代的印记，反映了中华民族不同时期的人文风俗，其风格各异，纹饰多样。古玩鉴定专家鉴定某一个品类，就要纵观其历史发展演变轨迹，细研当时的时代背景、纹饰风格等。以铜器为例，除了人们比较熟悉的青铜器外，还有铜镜、铜炉、铜佛像以及青铜杂项等诸多品类的古玩风行于当今古玩交易市场。唐代铜镜与汉代铜镜就明显不同，具有不同的时代特征和工艺特点。铜器类古玩的行话之丰富也让外行人瞠目结舌，比如一枚小小的铜钱，其术语就有钱范、钱样、雕母、母钱、铁母、铁范铜、样钱等。铜器的术语和行话就更多了，如生坑、熟坑、水坑、发坑、脏坑、地子、贴骨锈、洗过澡、黑漆古、绿漆古、水银浸、枣皮红、皮蛋青、泛金等等。仅铜器一项，其知识体系的丰富、庞杂是难以想象的。专家要完全理清这一体系，恐怕需要究其毕生的时间，持续不断地学习、探索。

专家"眼力"的提高要依靠日常学识的培养，除了理论上的研究，还要有实践。中国许多国宝级的鉴定大师，都是曾经在前琉璃厂老古玩铺当学徒时，练就了一身"功夫"。当代著名的青铜器鉴定专家贾文忠曾在文物修复厂工作，这段经历对他产生了很大的影响，在那里，他亲眼看见并接触了库房中存放的大量文物，开阔了眼界，增长了见识，为以后成为这方面的研究专家打下了基础。可见，接触真品对于提高鉴定能力是很重要的。实践中不仅要多看真东西，还要常常出入古玩交易市场，来了解当前的造假技术。随着科技的发展，造假水平也越来越高了。如果专家主要专注于理论研究，并没有一定的实践经验，不了解当今的作伪手段及技术，不了解市场行情，就容易看走眼。因此，专家鉴定知识的局限性给古玩鉴定带来了很多不确定性因素。

（三）鉴定行业的无序化

鉴定是古玩交易市场的一个重要环节。真品和赝品的价格具有天壤之别，将古玩赝品当成真品购买的收藏者将损失惨重，因此古玩鉴定在古玩交易市场发挥着重要的作用，专业鉴定人才是古玩交易市场不可或缺的力量。但当前古玩交易市场一件件盖有鉴定钢印的鉴定证书，却无法获得收藏者的信任。因为鉴定行业的无序化，已经让收藏者对此产生怀疑。

当前古玩交易市场的鉴定在准入机制、鉴定程序、事后责任等方面都没有一个规范的体系。首先，没有一个专门的管理机构制定鉴定人员职业标准及审核制度。我国目前古玩鉴定人员良莠不齐，除了具有鉴定资格的文物鉴定委员会的鉴定专家外，还有相关专业的专家学者，一些长期从事收藏的收藏家，甚至一些艺术家的家属以及其他相关工作人员等也从事鉴定工作。其次，专家鉴定的标准及程序缺失。市场没有对专家鉴定的范围做出相关规定，许多专家超越自己的研究范围进行鉴定。没有专家能在所有古玩上都具有鉴定能力，而不在其相关研究范围内进行鉴定就会使鉴定结果失去意义。另外，目前专家鉴定时没有对古玩的鉴定标准及依据做出说明，一般仅仅给出一个结果。最后，专家对于鉴定的结果不负任何法律责任，没有建立专家鉴定责任追究制度，使古玩鉴定缺乏严格的法律监管机制。在这种情况下，一些鉴定专家的不道德行为越来越严重，有些所谓的"专家"只要给钱，就给开"保真"证书，却不用承担任何法律责任。

行业缺乏鉴定责任的约束机制，给了一些职业道德缺失的鉴定人员一定的可乘之机。某些鉴定人员在经济利益的驱动下，把本是赝品的古玩鉴定为真品、把珍品鉴定为赝品的情况，时有发生。如2011年的"金缕玉衣"骗贷案，就是某富豪自制的"金缕玉衣"，经国内鉴定专家鉴定后估价 24 亿元，以骗取银行贷款。2009 年 9 月，在一鉴定会上，一位持宝人的《嵩阳汉柏图》被某鉴定专家仅估价为 3 万元，专家又建议持宝人将其以 17 万元的价格卖给了专家的朋友。一年后，该画竟然以 8 700 多万元的天价在拍卖行成交。这些例子都是鉴定行业无序化的反映。

三、古玩收藏者的盲目性

如今古玩收藏越来越流行，但收藏者的目的却各不相同，有些人是出于投资目的，有些人是出于热爱古玩的感情需要，有些人甚至出于炫富。在这些收藏者当中，不乏有人是真正的收藏专家，他们对古玩知识了如指掌。这些收藏者收藏目的明确，富有见识，不盲目收藏。但有些收藏者对于古玩收藏仅仅是出于非理性需要，这部分收藏者就很容易陷入盲目收藏和非理性收藏的状态。有些收藏者热爱文化艺术，这些藏家对某一类古玩富有特殊偏好，甚至以弘扬传统文化为己任。因此，这些古玩收藏者在收藏某一件古玩时，一定程度上主观感情是他们收藏的决定因素。而过度地依赖情感需要来进行收藏，就容易陷入非理性的状态，会盲目收藏自己不熟悉的领域的古玩，或不顾实际经济实力进行收藏。非理性、无目的性的收藏行为很容易使收藏者因缺乏鉴定知识而遭受损失。

收藏要理性。那些大的收藏家都是经过一定的探索后，才形成自己的收藏体系和理念的。他们也会经历非理性收藏的阶段，起初也会在古玩知识不多的情况下，凭着感情喜好盲目购买古玩。晚清大收藏家端方曾因不懂收藏知识而被人耻笑，于是发奋研究青铜器的相关知识，在青铜器的收藏上不断深入挖掘收藏深度和扩大收藏广度，最终成为大收藏家。近代大收藏家徐展堂在最初进入收藏领域的时候，收藏只是他的偶然的有限理性行为，如在一些古玩地摊市场买一些小型器物，其也不是为了收藏，仅仅是将这些小器物作为生意场的社交礼品。但自从他发现朋友，特别是外国朋友对这些小物件很青睐后，就渐渐地爱上了收藏。后来，徐展堂常常出入博物馆、文物拍卖会，并购买大量相关书籍进行研究，在理论与实践中提升了自己的眼力，开始理性收藏，形成了自己的收藏体系，最终跻身于全球著名的收藏家之列。

一些收藏者之所以不能成为大的收藏家正是因为缺乏理性思维。例如，有人花 100 万元买到西周虢季子白盘，如果理性地思考一下就不会出现这种"打眼"的情况，因为像这些青铜重器都已经收藏在了各大博物馆，国家是明令禁止这类古玩在民间流通的；再如，酸枝木家具在清代以后才出现，因为只有那时我国才从海外进口酸枝木，而有的收藏者自诩花高价购得明式酸枝木家具，显然是不合理的。缺乏基本常识的收藏行为都是非理性造成的。

四、人为因素

（一）中介环节中的陷阱

在古玩交易市场，古玩信息是交易的关键。谁掌握了更多的信息，谁就能在交易中占据优势地位，而古玩知识博大精深，没有人能将其全部掌握。对于那些具有一定的经济实力，看到了古玩收藏的潜力，想进行古玩收藏但又不具备古玩鉴定知识的人，他们会借助中介或机构来实现交易，这样的情况下，买方与中介人或机构就形成委托 – 代理关系。买方是委托人，中介人或中介机构是代理人，他们之间的关系建立的关键就是古玩的信息。中介人或中介机构是否能提供足够的古玩信息，取决于他们对收藏者的责任感：那些具有一定责任感的中介会提供给收藏者足够真实的信息，反之有些中介也有可能对收藏者进行欺骗。特别是那些对古玩行业并不熟悉，仅仅是出于盲目跟风或炫富目的而进行收藏的收藏者，他们中能真正鉴定古玩的人很少，又很要面子，当圈子中的朋友都有不错的古玩陈设于家中的时候，他们有一种从众心理，也希望能收藏到令圈内人艳羡的古玩，以在朋友圈中显示自己的经济实力或收藏品位。这类收藏者给那些不良中介人或机构留下了可乘之机。

在古玩交易中，不良中介的招数无奇不有，防不胜防：有谎报进货价格的；有以高价为收藏者购买成本极低的高仿赝品的。有些不良中介还组成中介集团，他们锁定某些买家后，就会把某些高仿品加以伪装，变成价值连城的文物，并通过召开研讨会、举办展览、制作图册等手段来获得那些不懂古玩行业信息的买家的信任，然后实施行骗计划。收藏者被骗后往往不会大张旗鼓的宣扬，因为在古玩行业被骗，只能说明他们自己"眼力"不够，在业内会很没面子，只能算是自己在古玩行业"交学费"了。

（二）古玩制伪

商家故意作伪也使收藏者与售卖方之间处于信息不对称的状态。伪作与真品在价格上有天壤之别。如一件飘花翡翠"A货"要价至少5万元以上，而一件"C货"的成本至多不过百元，价格很低，而且可以批量生产，用"C货"冒充"A货"一件至少获利万元以上。在利益诱惑下，许多商家不惜铤而走险，致使古玩交易市场赝品横行。这就导致了古玩交易市场以假乱真、以次充好现象的泛滥：有制假贩假者，有以残次品冒充精品者，有以新充旧者，有批量生产做旧古玩者。而古玩作伪古已有之，以铜器为例，民国时期还形成了北京派、潍坊派、苏州派等派系；直到近现代，作伪者依然层出不穷，而且情况愈演愈烈。随着科技的发展，造假可利用的材料越来越多，造假者掌握的技术也越来越先进，手法越来越高明。加上当今信息技术的发展，信息传播的速度越来越快，许多可以作为鉴定古玩的信息，一旦被公布于众后，制伪者就会有针对性地改进造假手段，以迷惑消费者。比如对于青铜器的鉴定，专家们曾经以青铜器范缝的规则程度来断定真伪，可是当造假者发现了这一规律后，就可以同样伪造范缝来蒙蔽消费者及专家；青铜器鉴定中还会以器物内是否存有垫片作为真伪判断的依据之一，但这一特点也很快被造假者所掌握，赝品的垫片完全可以达到与真品同样的清晰度。在制伪者这样的技术手段升级下，以往的鉴定依据就失去了意义。

当前，市场上的仿品及赝品都有专门的制假作坊，还形成了专业的制假产业链，这些造假工厂的产品大都销往各大古玩交易市场。北京是全国古玩交易中心，也成为这些产品的主要集中之地。行货通过加工作坊伪造后，其信息只掌握在那些制伪者手中，消费者是无法跟踪这些信息的，他们与制伪者的信息显然是不对称的。对于那些高仿的"产品"，就连专业人员也很难分辨清楚，初入古玩交易市场的人就很有可能"打眼"。

综上所述，从客观角度来讲：一方面，古玩的价值本身是很难判断的，要了解其真正的艺术价值、历史价值等，需要很长时间的专业理论学习与实践经验，并非每个人都能掌握其背景信息、工艺特点等影响价值的因素。另一方面，当有些收藏者在进行收藏的过程中对某些古玩的知识有限时，就要借助专业的鉴定专家来帮助识别交易信息。专家的知识信息一般要超出常人很多，收藏者与专家的信息也是不对称的。从主观角度来讲：在古玩交易时借助中介来完成交易，会给不良中介人为地设计陷阱的机会。加上很多收藏者的收藏目的不明确，收藏知识有限，但又出于从众或炫富心理而热衷于收藏，这些人的收藏行为往往会缺乏理性，因此他们所掌握的信息与那些商家、中介也是不对称的。而且当前的造假手段因借助于科技成果，越来越高明，越来越能迷惑收藏者，这些信息掌握在那些造假者手中，只有那些具有高超鉴定水平的收藏者能辨识出来，而普通的收藏者往往处于信息不对称的不利地位。

第四节 古玩交易的"信息博弈"

在当今社会生产生活中，信息发挥着越来越重要的作用。在市场经济环境中，及时、准确的信息是商家在商海竞争中克敌制胜的法宝。在信息不对称的市场中，信息是交易双方进行博弈的筹码，谁获得了更多的信息，谁就会在这场博弈中获胜，这就是"信息博弈"。在二手车交易市场如此，在古玩交易市场亦然。

20世纪70年代，乔治·阿克洛夫发表的《"柠檬"市场：质量的不确定性和市场机制》一文，通过对二手车交易市场的分析，探讨了市场中信息不对称的现象，以及信息不对称的情况所产生的影响。研究发现，在良莠不齐的二手车交易市场，人们对于交易的二手车的质量无法获得完全的信息，总有些信息是不透明的，诸如车使用的真正年限、是否在外观已被破坏的情况下进行表面的装饰等。在这种情况下，买方与卖方在所交易二手车信息的掌握方面是不对称的。买方无法真正判断二手车的价值，就会简单地以价格作为是否购买的决策因素。质量差的二手车会因为价格较质量好的低很多，而受到买方的欢迎；价格低廉而质量很差的二手车就会在市场中占据优势，而那些质量好、价格高的二手车却失去了市场，最终会被那些质量差的二手车排挤出去。这就是人们的"逆向选择"而导致的"劣币驱良币"现象。

古玩交易与二手车在交易上有着共同点，主要表现在以下几个方面。首先，古玩交易市场的古玩同二手车一样，不是同质的商品，这些商品是一种特殊的商品，无法像普通商品一样"货比三家"。二手车已经不像新车一样，同一品牌同一型号的车在外观、性能等方面具有同质性，新车经过使用后变成二手车时，因为使用的年限不一样、所经历的道路环境有差异，其性状完全不能与新车相比，车与车之间的状况千差万别。而古玩是历史遗留下来的艺术品，许多都是孤品，造型、纹饰、工艺特点具有独特性，甚至是独一无二的，几乎没有同质的古玩。其次，古玩和二手车的价值都不是很好判断的，影响价值判断的信息仅被一部分人掌握，而获得交易商品的信息是交易进行的关键。在市场中，某些人就会利用所掌握的相关信息获利。最后，古玩交易市场与二手车市场一样是一个信息不对称的环境。这样的市场里，代理人的"败德行为"以及消费者的"逆向选择"等不利因素也影响着交易市场。

古玩交易市场与二手车市场具有一定的相似性，可以借鉴二手车交易模型来分析古玩交易市场的"信息博弈"。在古玩交易市场的"信息博弈"中，有以下几个关键因素：V（价值高的古玩的价格）、W（价值低的古玩的价格）、P（交易价格）、C（伪装成本）、P_g 与 P_b（价值高与价值低的比例），以及 P_h（交易高价）、P_l（交易低价）。

在古玩交易市场这个典型的信息不对称市场，交易双方谁拥有更多信息，谁就能占据优势，也就是在进行"信息博弈"。为了符合现实的古玩交易实际，参照二手车双价交易模型，在古玩交易模型中，可用价值高和价值低的双价交易模型来分析古玩交易的"信息博弈"。在这一博弈中，参与者由古玩交易的买卖双方组成。博弈先由卖方选择以高价或低价分别卖价值高或价值低的古玩的策略，买方相应地做出买或不买、以什么样的价格购买的策略。博弈依次进行，直到结束。不同的选择得益情况不同，当交易没有成功时，买方得益自然是 0，而卖方得益根据不同情况而有所差异。当买方以高价购买了卖方价值高的古玩时，得益是 $V-P_h$；当买方以高价购买了卖方的价值低的古玩时，得益是 $W-P_h$；当买方以低价购买了卖方低价的古玩时，得益是 $W-P_l$，当买方以低价购买了卖方的价值高的古玩时，得益是 $V-P_h$。

在以上的模型中，假设古玩分价值高与价值低两种类型。当然价值高和价值低只是一个相对的概念，如真品与仿品、精品与残次品等。相对于仿品，真品就是价值高的，而仿品价值低；相对于残次品来说，精品就是价值高的，残次品价值低。假设只有当卖方以高价销售价值低的古玩时，才需要对古玩进行伪装，其成本为 C。这个双价古玩交易模型，可用图 1-1 来表示，图的最终端的八个得益数中，第一个是卖方得益，第二个是买方得益，根据基本的概念界定，可以得知 $V>W$ 以及 $P_h>P_l$，通过进一步分析可得出不等式 $V-P_l>V-P_h>W-P_l>W-P_h$。通过上式可知，显然用高价购买价值高的古玩比用低价购买价值低的收益大，即用高价买了真品比用便宜的价格买了假货收益大。古玩交易中，就有"宁买贵不买假"的说法，贵一点没关系，一旦买了假货，再便宜也是没有意义的。用低价买了假货还不是最惨的，就怕用

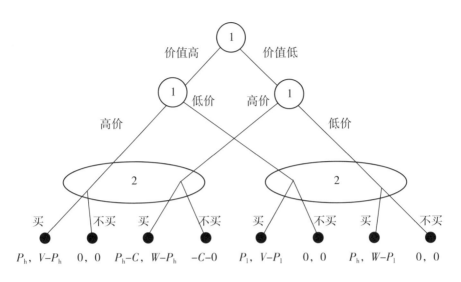

图 1-1　古玩交易双价模型

高价买了假货，这就不存在消费者剩余了，消费者还要承受一定的经济和精神损失。如果买方的"眼力"很高，用很低的价格买了真品甚至精品，那么其得益就是 $V-P_l$，并且 $V-P_l>V-P_h$，就是说比用高价买了真品的得益还高，这就是古玩交易中所谓的"捡漏"了。

在双方进行"信息博弈"的过程中，谁掌握了有利信息，谁就能在博弈中占据优势，从而"捡漏"；反之，则会"打眼"。在信息不对称的古玩交易市场，"打眼"以及"捡漏"都是常见现象。比如北京老壶的一篇文章《打眼》就写了自己打眼的故事：作者在逛地摊的时候，看到一块镂空雕刻的玉。卖主是个老太太，老太太要价 600 元，作者还价到 60 元，他自我感觉这玉虽然不符合和田玉的标准，但也至少值 200 元，结果经过检测才知道这块料子竟然是大理石的。在这个故事中，假玉的价格很低，没有对主人公造成很大的经济损失。而有些人打眼后却损失惨重，特别是收藏者在收藏之初眼力还不够精准，知识经验还不够丰富，如果对方以诸如急需钱不得不低价出售等为幌子，收藏者就很有可能上当受骗。《天下收藏》节目中，王刚挥动的大锤不知砸掉多少用几十万元，甚至上百万元购买来的现代仿品。不仅普通小人物会打眼，就是专家也有打眼的时候。现代仿制技术越来越高超，花样越来越多，不但能蒙蔽普通收藏者，也会迷惑那些专家级的鉴定人。著名鉴定专家张德祥就曾遭遇"人工紫檀"凳子，从外观、重量上判断确实像紫檀，买回去才发现鬃眼是人工刻画上去的。当然，在古玩交易市场有"打眼"亦有"捡漏"，在各个收藏领域中"捡漏"也很常见。"捡漏"当然是要有前提的，不但需要收藏者有一定的"眼力"，而且与卖方进行博弈时也需要技巧，还必须具备基本的购买力和胆识。无论"捡漏"还是"打眼"，都是交易双方掌握的信息差异造成的，交易的过程也是"信息博弈"的过程，"捡漏"或者"打眼"是在信息不对称情况下博弈的结果。

第二章

北京古玩交易市场的
多元经营业态

北京古玩交易行业在北京丰富的文化资源的基础上不断发展，市场在规模和数量上都居全国之首，成为引领全国古玩交易行业的佼佼者。由于历史因素及政府引导，北京古玩交易市场主要分布于朝阳区、西城区、石景山区、通州区。各个古玩交易市场经营的侧重点有所不同，有的以珠宝玉器为主，有的以古典家具为主，有的古玩交易市场还形成了自己交易市场的专有品类，这些特色"产品"满足了一些特定的消费群体。北京古玩交易市场在交易空间上，地摊、店铺、文物公司等已发展得很成熟，会所模式、俱乐部模式等也走在全国古玩交易行业的前列。潘家园旧货市场、报国寺文化市场的地摊交易很受收藏爱好者的欢迎，是北京古玩交易市场主要的交易空间。当然潘家园旧货市场也有很多店铺，在以店铺经营为主的古玩城也设有地摊，如佰汇古玩珠宝城B座第三层有北京最大的室内地摊。北京古玩交易市场在经营品类、交易空间上都很多元化，能够满足不同收藏者、投资者的需求，在古玩交易行业发挥着重要作用。

第一节　北京古玩交易市场概况

北京是古玩交易的中心，拥有多达40多家古玩交易市场，其规划布局、建筑形制不一，有文化一条街、旧货市场、文化市场等类型，更多的是古玩城。具有悠久历史的交易市场有琉璃厂文化街、潘家园旧货市场、报国寺文化市场等。一些高档的交易市场是借助原来的旧货市场兴建的，如北京古玩城就是在北京劲松民间艺术品旧货市场基础上发展而来的，亮马国际珠宝古玩城是由亮马收藏品市场发展而来的。利用古玩交易商圈的地理优势及集聚效应兴建的古玩城有很多，如天涯古玩城、弘钰博古玩城、北京古玩城C座等。也不乏个别古玩交易市场随着时间的推移而转变了经营品类，如官园市场、红桥市场。官园市场原是一个古玩、花鸟虫鱼并存的市场，后来古玩交易渐渐地退出了这个市场，转移到其他古玩交易市场，该市场古玩交易的功能就逐渐衰退，而被花鸟虫鱼交易取而代之。红桥市场原也是经营古玩艺术品的市场，随着其他城区的古玩交易市场越来越多，特别是潘家园古玩交易商圈的核心竞争力的加强，它在古玩方面的经营渐渐失去了竞争力，逐渐转变成以经营珠玉工艺品为主的市场。而且随着古玩交易的逐步升温，近几年不断兴起了许多新的古玩交易市场，如天雅古玩城、博古艺苑古玩工艺品城、弘钰博古玩城、佰汇古玩珠宝城等。

一、北京朝阳区主要的古玩交易市场

（一）旧货市场

北京朝阳区的旧货市场中最具影响力的当属潘家园旧货市场，现在已经是闻名中外的古玩交易市场了。潘家园旧货市场整体的建筑呈现仿古式面貌，青砖碧瓦，朴素雅致。市场分为地摊区、现代收藏区、主题展厅、古建房区、古典家具区、石雕石刻区、办公区、商务中心区、餐饮服务区等几个区域。其中，古建房区、古典家具区、现代收藏区皆为店铺经营。现代收藏区主要以经营珠宝玉石、现代工艺品品类为主；古典家具区有红木、金丝楠木、紫檀木古典家具及古旧家具等；古建房区位于市场北门左侧，商户以经营珠玉为主，有天然珊瑚精品、和田玉精作、飘花、飘紫翡翠，以及天然水晶、蜜蜡等材料的批发零售。除了店铺经营，大棚区也是潘家园旧货市场靓丽的风景。市场在东西两侧分别设有两个大棚区（图2-1），从潘家园旧货

图 2-1 潘家园旧货市场棚内地摊

市场北大门进去，向左直走即是大棚的主要区域。棚下高大敞亮，摊位依次排开，整齐划一。每个摊位大约占地 1 平方米，中间留出 1 米多的过道，供顾客行走选购。经营品种繁多，但多有侧重，有青金石、绿松石、南红、战国红、菩提子、水晶、文玩核桃、古玩杂项及开窗的玉石原料等；样式有手串、吊坠、项链，消费者可以自己搭配、穿缀的各式珠子，专家亦可以现场为顾客穿缀。大棚内的非物质文化遗产区经营民族手工艺品，十分受外国人喜爱，常有外国人到这里来为自己及亲戚朋友选购。棚内也设有文化专营区，销售书画及工艺品等。在市场东侧靠近机动车停车场的位置，设有专门经营红色收藏品及旧报刊的区域，喜欢这些藏品的朋友可以到那里选购。露天地摊也靠近这个区域（图 2-2），分为古玩杂项区与百姓跳蚤市场。古玩杂项区多为固定商户，以经营古玩杂项为主，当然也不乏临时转让他人经营物品的情况。而百姓跳蚤市场基本上都是临时商户，每天北京市民需要在早上 8 点左

图2-2　潘家园旧货市场露天地摊

右排队拿摊位号，周一至周五摊位费每天10元，而双休日高达每天500元，但排队抢号的人仍争先恐后，因为这里不但是全国收藏品类最全的古玩交易市场，还是全国人气最旺的古旧物品市场。潘家园旧货市场为何有如此巨大的影响力？其魅力主要来自哪里？副总经理李桂芳给了我们答案："传统的古玩交易方式、独特的趣味性民俗性、千奇百怪的藏品、一流的市场设施、巨大的客流人气，是潘家园能够成为国内最大的民间工艺品集散地的几大因素。"如今的潘家园旧货市场不仅受到全国各地的收藏者和商户的喜爱，在海外也是家喻户晓，"逛潘家园"已与"爬长城、吃烤鸭"并列成为中外游客的常规项目，而且潘家园旧货市场的人气也带动了周边餐饮服务等行业。

（二）古玩城

1. 北京古玩城

北京古玩城（图2-3）是潘家园古玩商圈的核心企业，它成立于20世纪

90 年代，是在北京劲松民间艺术品旧货市场基础上发展而来的，到如今已经有 20 多年的历史了，既是全国最早的古玩城，也是全国首家整体获得文物经营资质的古玩交易市场。北京古玩城外观大气，内部格局开阔（图 2-4）。第一层中厅是开放式货厅，主要经营珠宝玉石、翡翠玛瑙、水晶饰品及书画等，珠宝翡翠光彩夺目，文玩字画琳琅满目，游人穿梭其间，流连忘返。这

图 2-3　北京古玩城

图 2-4　北京古玩城内景

里特别受外国游人青睐，常有国外的客户在柜台前挑选他们喜欢的商品（图
2-5）。第一层至四层经营的古玩涵盖各个品类，有上千个品种，这里的和田
白玉、铜器佛像、寿山石雕、古旧钟表等专区在全国都有很大的影响力。其
中第一层专设"玉府金厅"（图2-6）经营和田玉等高档古旧玉器，店铺普遍
面积较大，并设有茶几座椅，供鉴赏者、收藏家交流心得。北京古玩城融古
玩交易、文化交流、鉴赏把玩于一体，与其说这里是古玩店铺，不如说是古
玩艺术展厅。五层是海外文物回流厅，众多文物公司在此驻场经营，如桑杰
文物有限公司、石头轩文物有限公司等，以经营佛像铜器、古旧瓷器为主。

　　北京古玩城以"文化是古玩艺术品市场的核心竞争力"为经营理念，专
门设有艺术馆用于举办拍卖、讲座、古玩鉴定等活动，着力打造书画艺术交
流平台，是国内最大的古玩艺术品文化交流中心。每逢诸如奥运会这样的国
际活动，北京古玩城就是接待国外政要的指定地点，是展示中国古玩文化的
重要窗口，对国际艺术品市场有一定影响力。

图2-5　北京古玩城外国游客购物场景

图2-6　北京古玩城玉府金厅

2. 天雅古玩城

天雅古玩城（图2-7）成立于2007年9月底，与著名的北京古玩城隔路相望，距离弘钰博古玩城、潘家园旧货市场亦很近，是北京潘家园古玩商圈的重要企业之一。天雅古玩城外在建筑高大典雅，外墙体镶嵌有上千块象形文字的铜板，并挂有北京桑杰艺术博物馆所提供的镏金佛像的巨型墙体海报。海报高20余米，端庄威严，极具视觉冲击力，上写有"收藏之天地，文化之雅所"十个大字，道出了天雅古玩城独特的文化内涵。这份文化内涵不仅表现在其外在古朴而庄重的形象上，也体现在内在各楼层古代街市的格局上。步入天雅古玩城内（图2-8），顾客仿佛置身于古代的市肆中，店铺林立的场景具有浓厚的文化氛围。

天雅古玩城地下一层经营古典家具及水晶、紫砂、木雕等；地上第一、二层经营白玉、翡翠、象牙、珊瑚等；经三层除珠宝玉石外，还经营古玩杂项；第四到六层主要经营古玩杂项、红木家具、书画等；第七层以经营书画为主；第八层汇聚海外回流文物；九层主要是文物公司与收藏家俱乐部，如桑杰文物有限公司、太原市文保文物保护有限公司等，国家珠宝玉石质量监

图2-7　天雅古玩城

督检验中心也在这里设置了珠宝咨询检测服务点；第十层特设集古董展示、拍卖、培训等为一体的多功能厅。北京桑杰艺术博物馆是古玩城内美术馆的代表，共分中国皇家宫廷文物艺术区、佛教文物艺术区、蒙元文物艺术区，以弘扬传统文化为宗旨。

天雅古玩城以 2008 年北京奥运会为契机，借势经营，利用其经营特色和独特的定位吸引商户加盟，结合其文化理念，使天雅古玩城很快成为潘家园古玩商圈的重要力量。

图 2-8　天雅古玩城内景

3. 君汇古玩城

君汇古玩城（图 2-9）是距离潘家园旧货市场最近的古玩城，由潘家园旧货市场北门向西第一个红绿灯右拐即是，与北京古玩城、天雅古玩城相隔也不过千米。其高大的牌匾格外惹人注目，外墙青砖青瓦，两侧仿古大门楼，衬托砖红色的古玩城主体建筑，古香古色。进入其内，华丽的装修、和谐的格调，令人赏心悦目。

君汇古玩城主体建筑的第一至三层是店铺，第四层是私人会馆。地下一层为拍卖大厅，已经举办过多次拍卖会，除了拍卖外，还在每个月的第一个周日，举办专家免费鉴定会。地下第一层以玉器、翡翠、玛瑙、寿山石、鸡血石、沉香等为主；第二层以瓷器、玉器、景泰蓝、珊瑚、沉香、古玩杂项等为重点；第三层主要经营佛像、瓷器、玉器、檀香、珊瑚、古玩杂项等；第四层有一个展厅及悠然居、拙风堂、奇峰通宝等私人展馆。展厅会定期展

图 2-9　君汇古玩城

出某个品类的古玩精品，珠宝玉石是这里最常展出的品类，还常会邀请缅甸等地的经销商展出缅甸翡翠、水晶饰品等。私人会所有别于传统的店铺经营模式，主要展示古玉青铜、文房雅器等，并举办各种座谈会，邀请鉴定专家、收藏界人士切磋交流，通过这个平台推广古玉、青铜文化。私人会所依托古玩城这一品牌，而古玩城也在高档会所的加盟下，成为一个以古玩经营为主、传播文化为辅的交流中心。君汇古玩城交通便利、位置优越，借助潘家园古玩交易的优势资源，成为潘家园古玩商圈的一支新秀。

4. 佰汇古玩珠宝城

佰汇古玩珠宝城（图 2-10）位于北京朝阳区东南三环十里河桥南侧，与程田古玩城、东方博宝古玩书画城呈三足鼎立之势。该古玩城分 A、B 座，主要经营天然水晶、缅甸翡翠、珠宝玉石、琥珀蜜蜡、瓷器杂项、佛像铜器等，也承接珠宝加工、原石批发等业务。A、B 座的第一、二层都以店铺经营为主，A 座第三层为私人会馆的展示空间。这里还没有拍卖大厅，每周末定期举行拍卖会，无底价的拍卖形式吸引了众多收藏者来此"淘宝""捡漏"。从 2013 年 10 月起，B 座第三层由古玩城打造了室内地摊（图 2-11），消

图 2-10　佰汇古玩珠宝城

除了室外地摊的弊端，为那些喜欢逛地摊，又不想受风吹日晒之苦的古玩爱好者提供了理想的场所。佰汇古玩珠宝城已形成以古玩店铺经营为主、以地摊为辅的多层次经营模式，可以满足不同客户的需求，经营品类多样，管理模式市场化。这里还常常举办各种与古玩相关的文化活动，如根雕文化节、琥珀节等。琥珀节是佰汇古玩珠宝城的重要项目，已举办多期，吸引了众多琥珀商

图 2-11　佰汇古玩珠宝城室内地摊

户的加盟，也为琥珀收藏者、投资者提供了交易平台。

　　佰汇古玩珠宝城成立以来，以打造北京具有影响力的大型古玩城为目标，依托区位优势，不但通过室内地摊这一模式凸显了古玩城创新性的管理

理念，也通过开展大型文化活动，宣传了古玩城的文化形象，在北京古玩交易行业的影响力日渐提高，已成为北京重要的古玩城之一。

5. 程田古玩城

隶属于程田总公司的程田古玩城（图2-12）位于北京朝阳区东南三环十里河文化街，与东方博宝古玩书画城隔街相望，距离十里河天娇文化城200米，地理位置优越。程田古玩城前身是程田旅馆，在古玩城的外墙体上保留有"程田旅馆商务部"的字样。程田古玩城的建筑外观古典质朴，正面绿色的墙体装饰下，红色的"程田古玩城"五个大字端庄秀气。古玩城分为A、B座，商铺众多，经营项目多样，A座、B座虽然经营品类都以古玩杂项、珠宝玉石为主，但实行差异化管理，对主营业务做了细微区别：A座着重于古典家具、珠宝首饰、瓷器杂项、回流文物、铜器佛像等，而B座以经营玉器牙雕、奇石根雕等古玩杂项及名人书画为主。

程田美术馆是综合性艺术展览馆，集拍卖与展示、展销于一体，展品主要有古玩杂项、古代书画、历代名瓷、珠宝首饰、金铜佛像等。程田美术馆自成立以来举办了一系列推动古玩城发展的文化交流活动，如通过聘请专家讲授古玩知识，提高商户及收藏者的文化修养；开展免费鉴宝等活动，为专家、经营者、收藏者以及古玩爱好者交流古玩知识、赏鉴古玩艺术品提供了平台。通过差异化的经营管理理念以及多样化的文化交流活动，程田古玩城已成为北京重要的古玩交易中心。

图2-12　程田古玩城

6. 东方博宝古玩书画城

东方博宝古玩书画城（图2-13）位于北京朝阳区东南三环十里河文化街，比邻程田古玩城，与佰汇古玩珠宝城一路之隔。主体建筑共五层，第一至四层的古玩店铺与第五层的私人会馆、书画展厅以及拍卖大厅相得益彰。第一层以经营翡翠玉石、珠宝首饰、寿山石雕、珊瑚首饰、陶瓷制品、金银器具为主；第二层至三层以经营古玩杂项、金银器具、青铜瓷器、紫砂器具、藏器唐卡等品类为主；第四层专注于经营书画及相关工艺品，如油画国画、名人书画、苏绣制品、工艺配饰、文房四宝等。第四层是个书画大世界，也是东方博宝古玩书画城经营的重点项目，有原创书画家的工作室，亦有从事经营书画及工艺品的商户，也有书画家自营作品的店铺。美图艺术中心既是风景油画家郑美明的工作室，也代理其他画家的作品；棕榈树艺术文化中心重点经营油画，特别是抽象派油画；大家画廊销售油画、钢笔画以及吴冠中先生限量版画作品，还批量承接各类公共场所装饰以及家居配饰搭配等业务。书画世界自然少不了装裱业务，这里还有很多其他商家专营书画装裱及画框，如嘉美画框等。

图2-13　东方博宝古玩书画城

东方博宝古玩书画城以书画为经营特色，分层次差异化管理，辅以拍卖、文化交流等形式来增强古玩城的人气。古玩城进行了多次古玩珠宝的拍卖预展，取得了良好的效果。针对书画的展览规模较大，如百名将军艺术家纪念毛主席同志诞辰一百二十周年书画展等。东方博宝古玩书画城以良好的硬、软件设施及配套管理理念，跻身十里河文化商业街的文化地标行列。

7. 弘钰博古玩城

弘钰博古玩城（图2-14）成立于2013年6月，位于北京朝阳区华威南路弘善家园东北角，地处潘家园古玩商圈的重要区域，毗邻天雅古玩城，与潘家园旧货市场相接。古玩城共计五层，由经营店铺、岛型柜台以及适应现代艺术品市场的会馆组成。负一层是古典家具及现代木质家具展厅，其中太和木作宫廷家具艺术馆的展厅规模宏大，设计上秉承古典宫廷理念，富有皇家气派；地上第一层主营珠宝玉器，以店铺为主，中心展厅为岛型柜台，并配有多功能服务厅；第二层主营瓷器、青铜器、玉器、古玩杂项、海外回流文物等；第三层以书画为主，既是中国传统文化的展示区域，也为收藏家、鉴赏家提供了交流平台；第四层是古玩艺术会馆及行业商会、专业委员会，

图2-14　弘钰博古玩城

如中国甲骨文研究会、中国青铜专业委员会、中国金银器研究会、中国青瓷文化研究会等。

8. 雅园国际

雅园国际（图2-15）与十里河天娇文化城、程田古玩城、佰汇古玩珠宝城隔桥相望，与十里河黄金珠宝古玩城、十里河桥公交总站仅一路之隔。雅园国际共分A、B、C三个区域，A、B两个区域属于楼区，一前一后，中间是C区的地摊。A区以经营珠宝玉石为主，B区以经营工艺品、把玩品、水族为主。雅园国际作为高档古玩城之一，珠宝玉石自然是其最主要的项目，翡翠、玉石、天然水晶、水晶洞现货都集聚在此，许多商户除了零售还从事批发业务，如批发南红、珠宝、玉石、天然水晶、水晶洞等。

雅园国际以水族、把玩收藏品为特色，以弘扬"把玩文化，修身养性"的宗旨为出发点。可把玩的藏品在这里几乎都能找到，如文玩核桃、菩提子、青城核雕、福滨琥珀、天然葡萄干玛瑙、沉香、文玩葫芦、紫砂壶、金星紫檀、花梨手串、把玩配饰等，甚至还有香筒、牙签筒、各种小工艺品等，不胜枚举。一般店铺都为零售，亦可批发，有的店铺还可随形设计、现

图2-15　雅园国际

场雕刻等，甚至还有店铺可以现场制作苏工折扇等高档竹制品。世界知名品牌烟斗、大师手工烟斗在这里也有店家专营。

在A与B座之间是C区，属于地摊区域，有二十多户，有露天地摊与棚摊。露天地摊多经营琥珀、蜜蜡以及彩色手串用珠等，棚摊主要经营菩提子、玛瑙、南红、椰壳手串、配饰等，还有用作佛珠、手串配饰的牛皮垫片，以及清洗文玩核桃的鬃毛刷等。

9. 亮马国际珠宝古玩城

亮马国际珠宝古玩城（图2-16）位于北京市朝阳区亮马桥，由亮马桥收藏品市场发展而来，具有丰厚的历史基础。同时，这里商业繁华，交通便利，毗邻大使馆区、燕莎商城，常有外国人出入。基于这些有利资源，古玩城的定位为中高端市场，主要经营项目为珠宝玉石。因它的定位为中高端市场，所以其装修亦显大气、高端，走廊都设计有玻璃橱窗，橱窗内珠宝饰品珠光宝气，小型寿山石雕精美动人。店铺内古玩亦十分精美，如飘花翡翠手镯，晶莹剔透；玉石花鸟四季屏风设计独特，作为家庭陈设，高贵典雅；仿

图2-16　亮马国际珠宝古玩城

古瓷器色彩斑斓，胎釉细腻。一般店铺的面积较大，货品多围绕店铺周围，存放于橱柜中，而中间置有桌椅，可供客户小憩、洽谈业务以及品茶赏鉴。

亮马国际珠宝古玩城将高端珠宝与古玩文化融为一体，并举办春秋文化节活动，在业内具有一定的影响力。

（三）文化城

十里河天娇文化城（图2-17）位于北京朝阳区东南三环十里河地区，出了地铁十里河站，向前走200米，就能看见仿古式门楼，"十里河天娇文化城"几个大字赫然醒目。进入文化城内，两侧店铺林立，棚顶有各色店铺广告牌整齐地悬挂着，像一面面小彩旗。文化城是一个综合性的民俗文化城，它与潘家园旧货市场、报国寺文化市场都有很大的不同。这里经营的品类富有生活气息，有花鸟虫鱼、钓具鸟具等；同时又具民俗风情，有民间工艺、绝活杂耍展示等。水族类是这里经营的主要项目，各色水族馆应有尽有，馆内的鱼缸里五彩斑斓，不知名的鱼儿甚多。古玩字画也是文化城不可缺少的部分，还有文玩核桃、南红、牛角工艺品、翡翠、青金石、蜜蜡、琥珀、菩

图2-17　十里河天娇文化城

提子等商品,这些一般都有专门店铺经营。文化城的地摊也不少,各式手串、项链、把件摆满了货架,供收藏者和游人挑选。另外,地摊上的"赌青皮"是许多顾客感兴趣的事情,赌青皮的季节一到,那地摊区就挤满了好"赌"及看热闹的人,是市场的特色风景。风筝裱画区主要经营手工风筝、书画装裱、传统宣纸等。十里河天娇文化城具有民俗风味,文化城内自然少不了相声、摔跤、杂技、戏曲、说书等民间技艺展示区域。总之,十里河天娇文化城不仅是展示老北京民俗文化的一个平台,还带动了十里河地区古玩城的消费,也成为当今北京发展国际旅游的一个热门景点。

(四)古典家具市场

1. 吕家营古典家具市场

吕家营古典家具市场并不是指某一个交易市场,因为吕家营村集聚了很多古典家具交易市场,所以将其统称为吕家营古典家具市场。这里早有买卖古旧家具的传统,原来叫作吕家营旧货市场,在北京朝阳区十八里店桥西南侧,以经营古旧柴木家具为主;后来由于城市规划,于2011年10月将其全部迁移出去,但商户仍然聚集于吕家营村,并吸引全国的商户来这里落户,到如今形成规模巨大的古典家具市场。市场主要集中在吕家营村西街,街两侧多为二层楼房,店铺多在第一层,也有加工厂和作坊。这里有两个大的古典家具市场:古聚鑫元家具市场与家和家美北京吕营红木家具基地。前者开业较后者更早,但在规模上不如后者大。家和家美北京吕营红木家具基地成立于2014年,在刚试营业三个月后,第一层已进驻80%商户,主体建筑前的空地悬挂着"中国红木、北京卖场"八个大字的巨大广告牌,格外醒目。

在十八里店桥的两侧也聚集着许多店铺,其中西北侧的古盛发古典家具市场,围成四合院的形式,正对大门的是两层楼的市场,周围布满了平房式的店铺。市场内环境优雅,店铺名称古朴,如古盛隆、古丰堂、文华阁、德恒阁等。古盛发古典家具市场对面,沿吕营大街向北到吕营饮食街,大大小小的家具商户的门前牌匾装点着路边的风景。十八里店桥的东南侧除了原来的一些古典家具店，如北京金林、古盛居、北京酸香阁等红木古典家具有限公司外，2013年下半年新开业的带我玩红木家具馆也汇集了很多家具公司入驻，如楠苑古典家私制品有限公司、北京福林园红木家具有限公司等。

吕家营古典家具市场的家具多为仿古风格，有衣柜、餐桌、皇宫椅、罗汉床、书架、博物架、梳妆台、桌案、屏风等，品类丰富，材质多为老挝酸枝木、缅甸黄花梨等。也有专营某一类材质的古典家具的店铺，如：古聚鑫元家具市场内的古韵江南专营香樟家具，带我玩红木家具馆的楠苑古典家私制品有限公司专营小叶桢楠家具及手串等小饰品，古盛发古典家具市场的大宇红木、明露红木、大望红木等公司主营红木家具。经营古旧家具的店铺不多，但也有几家在家具经营时，会辅以经营古旧家具。美和美家红木家具市场内有出售民国时期的椅子；古聚鑫元家具市场内的大珍堂内有不少明清家具；经营漆器的扬州漆器厂也在这里设点销售，经营屏风、柜子、餐桌等。但这些家具多已失去了实用功能而仅为装饰性质，这些漆器工艺与木艺完美结合的家具，很适合居家装饰。

吕家营古典家具市场是北京古典家具的重要集散地，集加工、存储、销售于一体。一般采取仓储式经营，多数店铺是一个展示、销售平台，家具一般在木材原产地进行制作加工。大珍堂、楠苑古典家私制品有限公司都销售金丝楠木家具，其工厂都在四川成都；经营香樟木家具的古韵江南，其工厂在江西。随着吕家营古典家具市场的发展，吕家营商业街也兴盛起来，反过来为家具市场提供了便利，也繁荣了地区经济。

2. 北京高碑店古典家具街

北京高碑店古典家具街（图2-18）位于北京著名的新型农村——高碑店村，高碑店村是北京市著名的乡村民俗旅游村，而且于2006年被评为北京最美乡村。它具有悠久的历史，村北的通惠河是古代漕运的重要码头，那时这里商贾聚集、经济繁荣。如今的高碑店在继承文化历史的基础上，顺应时代潮流，利用高碑店家具商业经营的文化传统，与现代旅游结合起来，在通惠

图 2-18 高碑店古典家具街

河南侧的小街建成了古典家具一条街。

高碑店古典家具街基本由呈丁字形的两条街组成,其中东西向的街长约几里,南北向的略短一些。街两侧全是店铺,有数千家之多,这里目前是我国北方古典家具最重要的集散地。市场经营主要以古典家具为主,有专营古旧家具的店铺,也有店铺经营中国风以及欧式风格家具。此外,这里还有经营家居装饰及工艺品的店铺,如山西漆器、铜质雕塑及古玩等,当然还有承接古典家具装修的公司及负责售卖家居装饰配件的店铺。家具的材质主要有红木、金丝楠木、酸梨木,真正的黄花梨、紫檀家具亦常能见到。这里的原材料多来自缅甸和老挝、越南、非洲等地,如缅甸的花梨木、老挝的酸枝木等。这里的品类有桌椅、案几、床榻、沙发、地毯、床垫及用于家居装饰的古今陶瓷、悬挂饰品。

这里店面装修风格不一,但均具有古典气息,而且经过多年的发展,许多店铺形成前店后厂的格局,集古旧家具的收购、修补及经营为一体。其中有不少店铺已成为国际化的公司,其产品在继承中国传统手工文化的基础上，加入现代设计理念，远销欧美及东南亚地区。北京美丽华伦家具有限公司就是其中之一，该公司的三层绿色零耗能展厅让人体验到古典家具的魅力，家具家居陈设应有尽有。

二、北京西城区主要的古玩交易市场

（一）报国寺文化市场

报国寺文化市场（图 2-19）位于北京西城区的报国寺，成立于 1997 年 7 月。报国寺历史悠久，始建于辽金时期，曾几度更名，又叫慈仁寺，又因寺内有两棵巨大怪异的松树，曾被命名为双松寺，如今人们依然习惯称其为报国寺。早在明时，这里就盛行庙会，庙会上古玩瓷器、书画碑帖无所不有。清代时，汉人官员及来京赶考的学子大多居于城南，会馆、试馆也云集于此。文人雅士常来此游逛，庙会上货摊的经营者迎合这些人的嗜好，碑帖字画、古籍善本及考试所需文房用品一应俱全。《琉璃厂小志》记有："北京

图 2-19　报国寺文化市场

书市……清初南移至广安门内之慈仁寺，寺为辽金时报国寺旧地。""每月朔望及下浣五日，百货云集，慈仁寺书摊只五六，往时间有秘本，二十年来绝无之。"又曰："此即南城有书市之始。"这里的"慈仁寺"就是指报国寺。当时王士祯、孔尚任都是这里的常客，清代大学问家、经史学家顾炎武也曾寓居这里多年，至今在报国寺西侧还留有"顾亭林祠"。

如今的报国寺文化市场重现了百年前的繁华景象（图2-21），市场内有中国钱币馆、中国古陶瓷馆、中国文房馆、中国民间收藏馆、中国古玩馆、中国铜器馆、中国票证馆等。中国钱币馆是市场的主要部分，在大门左侧的一排平房及"顾亭林祠"的大部分都属于中国钱币馆，这里有近代机制银币、金银锭、老金银器、历代钱币、现代流通金银纪念币、老银元、元宝、纪念币、纸币、古钱、辽金文化系列、第一至四版人民币、民国纸币、大清纸币等，品种多样，一应俱全。

中国民间收藏馆常年展销和田玉、翡翠、寿山石雕、水晶等，馆方负责展品展示、竞拍、交流，在每月最后一周的周日上午十时举办竞拍活动。中国票证馆以经营粮票、布票、存单、支票等各类票证及粮票册、布票册为

图2-20　报国寺书刊区

图 2-21　报国寺文化市场地摊

主，亦有少量古籍文献、钱币邮票等。中国古玩馆经营玉器、瓷器、翡翠、邮票、古玩、文革遗物、古典家具以及杂项等；并设有中国古陶瓷研究会鉴定委员会；可鉴定明清瓷器、高古瓷器、古玩杂项等。中国古陶瓷馆的天一藏集有北京地区中国古陶瓷标本。中国铜器馆主要以铜镜、佛像、古钱币、金银锭、纪念币、青铜器、铜币、杂项为经营项目。

　　报国寺文化市场以深厚的文化历史为基础，受到了中国收藏家协会的支持。这里每年举办全国钱币交流活动和各种收藏展览、讲座、拍卖等，成为市场与爱好者联系的纽带，吸引着众多收藏爱好者。

（二）琉璃厂文化街

　　在众多古玩交易市场中，琉璃厂文化街是最为人们所熟知的，如今这里已是海内外知名的商业文化街了。琉璃厂文化街位于北京西城区和平门外，不仅是重要的古玩交易市场，还是声名远扬的文化旅游区，具有文化地标的意义。琉璃厂文化街历史源远流长，在辽代就已有了确切的记载。到清代，这里就成为古玩交易的重要场所，集聚有很多老字号，如乾隆时期的清秘阁、松竹斋等，道光年间的博古斋、德宝斋等，同治年间的论古斋、笔彩斋等，光绪年间的赏奇斋、德珍斋、茹古斋、尊古斋、韵古斋、延清堂、荣兴祥、悦古斋、崇古斋等。一直以来，这里都经营有古籍碑帖、青铜明器、文玩字画、珠宝玉器、瓷器杂项等。

如今的琉璃厂文化街在政府的支持和规划下，焕发着勃勃生机。外部空间古香古色，富有古文化气息。经营的店铺依然保留有很多老字号，如荣宝斋、一得阁、中国书店等，这些老字号承载着前琉璃厂古玩店铺的文化底蕴，也在文化创意产业的大潮中被赋予新的使命。当然，在商品经济的大潮下，琉璃厂文化街的经营理念和品类已发生变化。经营古籍碑帖的店铺已不见踪影，真正的古玩店铺亦很少，而经营文房用品、商业字画、工艺品的店铺占据着主流地位。

三、其他城区主要的古玩交易市场

（一）红桥市场

许多关于北京古玩交易市场的记录中都会提到红桥市场（图2-22），所以研究北京的古玩交易市场还是要涉及它，虽然它已经不是真正意义上的

图2-22　红桥市场

古玩交易市场了，但从它的经营品类的变化可以看出北京古玩交易的历史变迁。红桥市场坐落在北京东城区的天坛公园东门对面，有《红桥市场记》刻于花岗岩石之上（图2-23），嵌于大门下部的墙上。记曰："红桥市场近起于农集，远绍诸晓市，初散落于崇文街巷，后集聚于天坛东垣。经营近二十年，迁入今之商厦，气宇已非昔比，瑰丽何让苏杭。内外宾客，熙熙攘攘，天下商贾，获利于斯。罗绮盈户，引领时尚潮流，珠玑列市，犹动海外嘉宾。红桥名博四海，珍珠翘楚诸行。云外国女士心目中之长城，实北京城下不落幕之宝会也。"由此可见，红桥市场曾经是名扬天下的地方。这里亦是珍奇珠宝、奢侈品的大卖场，经营有珍珠项链、镶嵌饰品等工艺品以及古陶瓷、古字画、杂项等，尤其珍珠饰品备受海内外女士喜爱。市场大门上挂有中国宝玉石协会所赠的"京城珍珠第一家"的牌匾。红桥市场共六层：地下一层为北京海鲜市场，沿袭红桥市场原来农贸集市的特点；地上第一层经营日用百货、数码电子产品及钟表眼镜等；第二层经营真丝围巾、鞋、包等；第三层以珍珠饰品、工艺礼品批发为主，也有个别经营古玩的店铺；第四层为珠宝饰品品牌专卖店；第五层的经营模式近似私人会馆。

图2-23　红桥市场门前石刻《红桥市场记》

红桥市场地处市中心，人口稠密，日常用品和杂货更能满足市民需要，加上北京古玩交易市场在朝阳区的快速发展，致使红桥市场中的古玩商逐渐退出该市场，前往其他古玩交易市场从事经营。而红桥市场的支柱产品——珍珠饰品依靠该市场原有的名气保留下来，吸引着海内外的顾客和商户，使这里成为北京地区很有影响力的珍珠制品批发零售市场。

（二）爱家国际收藏品交流市场

爱家国际收藏品交流市场（图 2-24）位于北京市海淀区西三环的大钟寺街区，东临大钟寺博物馆。可乘公交到大钟寺站，在公交站旁就会有几家售卖古玩杂项的临时货摊，路边有家真玉体验馆，这家店铺对面还有几家经营翡翠、珊瑚、琥珀的店铺，沿路直走就可以看见一座古香古色的建筑映入眼帘，这就是爱家国际收藏品交流市场。建筑的下方布满了相关的活动广告，如"爱家收藏大众保真竞买会""爱家收藏珠宝玉石文化交流博览会"等。进去大门是一个半包围式的展厅，两侧是展柜。这里一般展示一些翡翠或和田玉等珠宝玉石，厅内有一大屏幕，滚动显示近期活动信息。第一层前半部的店铺以经营翡翠、和田玉为主，许多店铺门前都有一个金色的牌子，上有"诚信经营、假一赔十"的字样。后半部设有古玩厅、龙泉青瓷艺术馆、字

图 2-24　爱家国家收藏品交流市场大厅

画厅、奇石厅、邮币厅、宜兴紫砂厅等。古玩厅以经营古玩杂项为主，字画厅多从事字画经营或装裱等，奇石厅经营翡翠原石、寿山石、巴林石、昌化鸡血石等，邮币厅经营金银币、纪念币、纪念钞、古钱币、邮票等。第二层以店铺为主，也有几家柜台组合成的外部展柜，经营珠玉宝石、工艺饰品等。

从爱家国际收藏品交流市场的后门走出去可以看到玉石雕刻、去皮、砌料、抛光的地方，这里有多家雕刻公司以及玉雕工作室，如康氏玉雕、御祺玉雕、张书山玉雕等，这些工作室承揽来料加工、赌石去皮、砌料抛光、首饰加工、设计镶嵌等业务。除了雕刻公司，经营缅甸翡翠原石、赌石批发的店铺，一般都兼营加工去皮、设计镶嵌，有的门前还堆积着赌石毛料。

（三）通州古玩城

通州古玩城本名百仙奇古玩市场，已开业十余年，是北京较早出现的古玩城，因坐落于通州，所以人们习惯于叫它通州古玩城，而百仙奇古玩市场这个名字却很少有人知道。这里交通便捷，可乘坐八通线在梨园站下车，过天桥到贵友大厦前坐 372 路可到终点站通州古玩城。该古玩城比邻狗市，是一个广场式的院落，除了平房店铺区，还有大棚区，大棚内有小店，有地摊，共八十多家商户，主要经营古玩、玉石、书画艺术品、工艺品、古家具、杂项以及古旧物品等。经营者有的是这里的老商户，也有的是自己喜好收藏，因收购的东西多了，想借古玩城来处理一下。店铺一间大约 20 平方米，除了专营玉石、海南黄花梨手串的店铺，其他店铺物品繁杂，很少有专营某一类别的，往往瓷器、玉器、书画、古玩等都能在一个店铺里看到。作者曾于 2014 年 3 月进行实地考察，当时是周三，人不多，大棚内摆地摊的也不多，有些常年经营的小店，但店面不大，大约 10 平方米。因地摊商户少，他们都把古玩陈设摆在外面地摊上销售。商户们都说近几年这里人气没有前几年高了，但是他们仍然愿意在这里坚持经营。一方面这里的房租比较便宜，平房店铺一间大约一年 9 000 元，而大棚内的小店一年才 2 000 元；另一方面，这里比邻狗市，狗市一般在每周三有批发交易，到周末时有零售业务，狗市客户会顺便逛逛古玩城，买点东西，带动古玩城的消费。

通州古玩城也曾热闹非凡，但近年来随着北京各大古玩交易市场的相继开张，通州古玩城的硬件设施及周边环境无法与现代古玩城的模式相适应，人气远不如潘家园及十里河周边的古玩城。

（四）宋庄古玩城

宋庄古玩城（图 2-25）成立于 2012 年，位于北京通州宋庄小堡村艺术东区，目前是北京通州规模最大的古玩城。宋庄古玩城被小堡画家村的各大美术馆和画廊包围。于东三环大北窑乘坐 808、809 路公交车到宋庄小堡村艺术东区站下车后向北行 100 米，路右侧即是宋庄古玩城。古玩城灰色的墙体与周围环境和谐统一，外墙体上"宋庄古玩城"的牌子在宋庄小堡画家村格外醒目，整体建筑高大气派。建筑内部整体像个天井，覆斗形的天窗使内部空间显得明亮高挑，中间开阔，四周店铺环绕。第一层正对大门的空间是拍卖大厅，这里定期会举办拍卖会，拍品包括古玩杂项、珠宝、玉石、水晶饰品及工艺品等，一般为小件器物，价位不高，100 元起拍，值得收藏爱好者前去"捡漏"。宋庄古玩城的店铺风格各异，多数装修考究，陈设样式接近

图 2-25　宋庄古玩城

展厅形式，还设有桌椅茶几供收藏者、鉴赏者交流赏鉴。面积大的商户还分有内外厅，外厅陈设商品，内厅作为茶室。个别商户不注重外在修饰，甚至门口仅有楼层牌号，没有店铺名。宋庄古玩城经营品类有古玩佛像、瓷器杂项、珠宝玉石、陈年老酒等。其中老酒是这里的特色商品，在这里有十家经营老酒的商家，陈年茅台、西凤酒、山西汾酒等都受到收藏者的喜爱。在二层还有老酒收藏俱乐部，负责对入驻古玩城商户的陈酒的鉴定。还有一家紫砂苑专营紫砂。许多商户是通州古玩城迁到这里来的，因为此前通州古玩城面临拆迁的问题。宋庄古玩城也正是在这种情况下兴建起来的，不但容纳了原通州古玩城的一些老商户，还进一步增强了宋庄的艺术氛围，推动了北京通州古玩交易行业的发展。

（五）博古艺苑古玩工艺品市场

博古艺苑古玩工艺品市场（图 2-26）位于北京石景山区上庄大街，于2005 年建成。出八宝山地铁口向北约 500 米右拐，就到了市场门口，高大的仿古式门楼上写有"博古艺苑"四个大字。这个市场总占地面积约 4 万平方米，是近似四合院的仿古建筑群，主楼为二层楼房，四周均为一层平房，其中面对主楼的一排平房前还有 1 米多宽的走廊。市场内除有店铺一千多家，另有三座交易大厅。建筑皆为青砖青瓦红屋檐，质朴古典。院落中间有亭台楼阁、小桥绿地，还有人工湖以及人造假山等景观，环境优雅。院落左侧是崇国寺塔，塔旁立有一碑，记有崇国寺历史。

主楼第一层多为古玩艺术品店，店铺在装修上风格并不统一，但上方均设有防盗网，店铺招牌挂在上部防盗网上，下部装有透明玻璃，从外面可以看见店铺经营物品，经营项目主要有古陶器、玉器、原石、古玩杂项等，还有个别店铺经营古典家具。经营珠宝翡翠的店铺大多装修华丽，橱柜整齐划一，窗明几净，一目了然。而经营古玩杂项的店铺，由于品类繁杂，物品摆放稍显拥挤。右侧有一交易大厅，专门交易翡翠珠宝、水晶饰品、工艺品等。主楼第二层以经营古玩书画为主，其中书画占了主要部分。一峰画馆、

图2-26　博古艺苑古玩工艺品市场

郭经民艺术工作室、军地画苑、将军苑、无逸斋等许多书画店铺的经营者同时也是画家。有些大型的店铺经营范围更加广泛，如徽文堂除了经营文房四宝、宣纸批发、装裱材料、装裱修复，也涉足明清瓷器、家具杂项等方面。除了经营书画，还有店铺辅助经营砚台、寿山石印章，如得砚轩就是专营端砚。无名居专营旧家用电器，旧的唱片机、照相机、手表、怀表等在那里都可以找到，富有怀旧情结的收藏者在那里可以发现想要的宝贝。这家店铺原来在北方旧货市场，因旧货市场拆迁重建，于是就暂时搬到了这里。另外，院子的左侧的一排平房里也有店铺经营书画装裱、装框，大量的书画框、装饰材料都堆积在店铺外面。院子右侧及其他平房多经营古瓷、沉香、玉器等品类。大门的右侧有一交易大厅是唐韵阁古典家具展厅，其几百平方米的展厅中摆满了古典家具。

走出博古艺苑古玩工艺品市场大门向左拐，就到了北方旧货市场的旧址。多数大棚已被封死，等待重建；极少数大棚正在营业，主营二手家居用品，如二手床、桌子、椅子、餐桌、盘子、碟子，甚至有二手的冰箱、洗衣机等。

从北京的古玩交易市场的介绍中可以看出，北京古玩交易市场层次多样，有古玩城、旧货市场、文化市场等，不同层次的交易市场的经营空间与经营特色各不相同。古玩城多以古玩店铺、文物公司为经营空间，而旧货市场、文化市场，如潘家园旧货市场、报国寺文化市场等，尽管也设有古玩店铺的经营空间，但最吸引收藏者的还是地摊。不同市场在交易品类上也各具特色，有专以某一品类为经营对象的古玩交易市场，如北京高碑店古典家具街、吕家营古典家具市场等；有综合各个品类进行经营，但也突出自身特色品类的古玩交易市场，如佰汇古玩珠宝城是综合性的古玩城，经营各个品类，同时它多次举办琥珀串货会、琥珀节等活动，以突出自身在这一经营品类的优势地位。各大古玩交易市场为了适应不同的消费群体而在经营策略上实施差异化管理，各显其能，在北京古玩交易市场的发展中发挥着各自的作用。

第二节　北京古玩交易市场的区位分析

一、北京古玩交易市场的区位特征

北京是文化古都，拥有丰富的文化遗产，是一个文化宝库，四十多家古玩交易市场遍及北京多个城区，各种品类应有尽有。北京的古玩交易市场以朝阳区、西城区、海淀区、通州区、石景山区等几个城区分布最为密集。位于朝阳区的古玩交易市场主要有潘家园旧货市场、北京古玩城、君汇古玩城、弘钰博古玩城、天雅古玩城、高碑店古典家具街、吕家营古典家具市场、小武基古典家具市场、兆佳朝外家具城、十里河天娇文化城、佰汇古玩珠宝城、程田古玩城、东方博宝古玩书画城、雅园国际、亮马国际珠宝古玩城等；位于西城区的有报国寺文化市场、琉璃厂文化街、玩家邮币卡市场等；位于通州区的有通州古玩城、宋庄古玩城等。其他的重要古玩城还有海淀区的爱家国际收藏品交流市场，石景山区的博古艺苑古玩工艺品市场，东城区的红桥市场、北京天宝润德古玩文物艺术会展中心等。从以上古玩交易市场的分布状况可以看出，虽然北京古玩交易市场分布极为广泛，但并不均衡，朝阳区的古玩交易市场最为集中，多位于潘家园及十里河附近。另外就是西城区，这里有历史悠久的报国寺文化市场、琉璃厂文化街及全国最大的邮票、古币、古典家具交易市场——玩家邮币卡市场。

北京古玩交易市场主要分布在朝阳区、东城区、西城区、海淀区等区域；有的区域一直没有大型古玩交易市场，如顺义区、大兴区、昌平区、门头沟区、房山区、怀柔区等；有的区域的古玩交易市场只是因为历史的遗留而存在，但也因该区域本身没有古玩交易市场的集聚效应，没有新的古玩交易市场兴建，而逐渐演变成以工艺品为主的市场，如红桥市场等。朝阳区的潘家园古玩商圈却不断有新的古玩交易市场出现，如天雅古玩城、君汇古玩城、弘钰博古玩城，以及2014年开业的北京古玩城C座等。北京古玩交易市场的地理分布呈现很明显的聚散关系图，其中朝阳区、西城区（主要指原宣武区的区域）是古玩交易市场的集聚中心，而海淀区、石景山区、通州区则是散落的点，大兴区、昌平区、门头沟区、房山区、怀柔区等区域却几乎是空白区域。

二、北京古玩交易市场的区位因素分析

北京古玩交易市场的分布呈现明显的聚散关系，原因是多方面的。这首先与北京市各个区域的主体功能规划有关。《北京市主体功能区规划》指出，在"十一五"期间区域规划中差异化发展格局是目标之一，并明确提出了具体的政策方针。规划方案指出，东城区和西城区属于首都功能核心区，要对其进行优化开发；朝阳区、海淀区、丰台区、石景山区属于城市功能拓展区，要对其进行重点开发；通州区、顺义区等城市发展新区属于开发潜力

最大的城区，其城市化水平有待提高，要重点开发；门头沟区、平谷区、怀柔区等区域属于生态涵养发展区。

北京古玩交易市场主要分布在城市功能拓展区的朝阳区、海淀区、石景山区等区域。而作为功能核心区的东城区和西城区的古玩交易市场，多是历史文化的遗留在现代城市建设功能中的延伸，比如琉璃厂文化街、报国寺文化市场等。新开业的古玩交易市场也是依托原有的文化氛围而成立的，如2013年10月才开业的北京天宝润德古玩文物艺术会展中心，简称"崇文·1921"。该会展中心的主体建筑是利用北京电车制造工厂老厂房而兴建的，其发展模式选择的是独有的会馆模式，与普通古玩交易市场的店铺、地摊兼会所的模式不同，而且该会展中心也借助了与朝阳区潘家园古玩商圈在空间距离上较近的这一地理优势。在通州区、房山区、顺义区等城市发展新区，除了原有的通州古玩城，还有以宋庄艺术中心为文化环境而新建的宋庄古玩城。作为生态涵养发展区的门头沟区、怀柔区、平谷区等区域，其功能主要是为保护生态文明，因此古玩交易市场较少。可见，虽然古玩交易市场的区位分布具有很多原因，但政府具有很大的引导作用，这不仅体现在功能区的宏观调控上，而且还体现在具体的政策上；特别是在琉璃厂历史文化创意产业园区、潘家园古玩艺术品交易园区的历史发展过程中，政府都发挥着重要影响。

除了政府的区域规划方面的原因，还有什么其他原因造成了北京古玩交易市场的区位特点呢？北京古玩交易市场最为密集的地区当属朝阳区的潘家园古玩商圈与原宣武区的琉璃厂文化街了。这是历史的偶然还是古玩交易发展的必然呢？这其中有什么历史文化背景及当代艺术品市场发展规律在发挥作用呢？这两个地区的共同特点就是都位于北京城南，但在古玩交易市场的成长发展中也存在不同的因素，比如文化渊源、集聚方式等方面。处于原宣武区的古玩交易市场具有深厚的文化渊源，而潘家园古玩商圈集聚的条件多与当时的民俗文化、历史背景、文化政策相关。

朝阳区的古玩交易商圈之所以形成于潘家园地区，是有一定历史原因的。潘家园旧货市场源于清末的"鬼市","鬼市"是指人们自发形成的，在凌晨三四点钟进行交易的古玩交易市场。当时交易中的卖方有因家道中落，不得已变卖家中古玩者；有在宫中管事，乘国难当头，皇宫无人管理的混乱之际，从宫中偷拿出古玩来交易者；有意外得到宫中散落民间的古玩，想出手但又害怕出事者。凡此种种，不一而论。但他们的一个共同特点就是都有见不得光的故事，交易是秘密的，于是在深夜穿梭于交易场所，交易时双方行为鬼鬼祟祟，所以这里被称为"鬼市"。

到 20 世纪 80 年代，人们的商品意识不断增强，商品交换的品类不断扩展。在这样的条件下，市场更具自由度和开放度，以前没有交易过的商品都可以拿来买卖。福长街五条旧货市场的出现为北京古玩交易的产生提供了机遇，但由于当时禁止民间文物流通，因此古玩是偷偷摸摸借着出售旧货的机会进行交易。后来，后海、红桥、白桥等地也陆续出现了旧货市场，将古玩夹杂在旧货中出售的情况更加频繁了，其中不乏明黄花梨家具、清紫檀家具。当时国内很少人能认识到明清家具收藏的巨大价值，价格极低，很多家具被外国人收购。这时古玩商贩也活跃了起来，但因为怕执法部门查，就采取"游击战术"，边交易边寻找下一个交易场所，直到来到了潘家园附近靠近华威桥的一块地。这里属于城乡接合部，在当时还没有被充分开发利用，地域开阔，又有华威桥挡风遮雨，于是许多商贩在这里固定交易，这就是潘家园地摊的雏形。随着这里的古玩商贩越来越多，逐渐吸引了全国其他地区的商户前来摆摊，前来游逛和"淘宝"的人络绎不绝。当时的《北京晚报》还报道了市场的盛况，潘家园的街道两旁被上千古玩旧货摊贩占满，摊贩主除了北京人还不乏来自全国其他地区的。鼎盛时期这里每天逛市场的人有上万人，每逢周末，更是人山人海。到 20 世纪 90 年代，香港拍卖行高价成交古玩的消息传来，人们收藏意识被慢慢点燃。古玩只能被摆在家里观赏，不能进行交易的情况越来越不符合现实需要了。政府虽然也没有公开放开古玩交易，但也不再明令禁止。这时潘家园附近地摊的发展已经影响到了当地市民的日常交通与生活。于是朝阳区政府将摆摊的人引导到劲松南路，后来不断延伸到华威路北段的马路两侧。为了便于管理，朝阳区政府规划固定的场地作为交易场所，并且规定了营业时间、经营品类等，于是产生了潘家园旧货市场。在潘家园旧货市场附近不断有古玩城兴建，最早的是北京古玩城，后来有天雅古玩城、君汇古玩城、弘钰博古玩城等，形成了以潘家园旧货市场为核心的古玩商圈。

在北京古玩交易市场中，除了朝阳区的潘家园是集聚区，西城区的琉璃厂古文化街也是目前重要的古玩交易场所，文化街内有海王村古玩市场。琉璃厂文化街如今已发展成为琉璃厂文化创意产业园区，是北京两大古玩艺术品交易园区之一。琉璃厂兴起既有历史文化方面的原因，也少不了政府政策在其发展过程中的推动。

早在元代琉璃厂就因烧制琉璃砖瓦等琉璃制品而得名。张涵锐的《琉璃厂沿革考》记载："元代建都北京，名大都城，设窑四座。琉璃厂窑为其中之一。分厂在三家店，派工到西山采取制琉璃瓦器之原料，由水路运至海王村之琉璃窑，以备烧制。"[1]直到清代，琉璃厂仍然承担着制造琉璃制品的功能。吴长元在《宸垣识略》里做了如下描述："琉璃厂在西河沿南杨梅竹斜街之西，内有琉璃窑。本朝设满汉监督董其事，烧造无色琉璃瓦。厂地南北狭而东西长，约二里许。"[2]此时的琉璃厂仅仅是个窑厂而已，但历史恰恰赋予了它新的使命。

清初，朝廷实施"满汉分城而居"的政策，城内的汉官和商民不准在内城居住，皆迁至南城，主要集聚于宣南一带。人口的快速增加，使这里成为居住区，市场的需要使商业也发展起来，改变了这里的面貌，也影响着北京城的发展格局。曾经人烟稀少的南城变得热闹起来。科考时，全国各地的学子汇聚京城，还有那些要进京述职的官员等，都到琉璃厂来拜会名人学士，广泛接收关于应试及官场信息。为招待各地学子及官员，各地会馆在这里建

①孙殿起．琉璃厂小志［M］．北京：北京古籍出版社，1982：2.
②吴长元．宸垣识略［M］．北京：北京古籍出版社，1982：186.

立起来，大大小小的会馆排列在琉璃厂东西两侧。在这样的环境中，以士人文化为主体的宣南就成为北京主要的文化活动中心。为满足文臣士人好书的需要，这里集聚了很多书铺，比较著名的有叶氏书铺、金台书肆、岳家书坊等。书铺在宣南的兴盛，除了市场需要，而且也有一定的材料来源优势，这里的白纸坊是北京主要的制造纸张的地区，这为宣南书肆的发展打下了基础。乾隆年间《四库全书》的编纂是促使书肆在琉璃厂进一步发展的关键因素，因为编纂过程中需要查阅大量资料，负责编纂的文人学士多居住琉璃厂附近。各地书商随机而动，带着大量图书资料涌入琉璃厂，于是书肆就在这里兴盛起来。

琉璃厂书业的兴盛，也带动了其他文化商品的发展，诸如文房四宝、古籍善本、碑帖字画、金石古董、铜器杂项、玉石瓷器等。然而这里古玩行业的兴起不仅是书市的作用，而且也是有一定的历史基础的。早在清初，这里的书肆还很少的时候，琉璃厂的庙会上就有售卖古董玩器的摊贩。到清中期，古玩铺渐渐地取代了书肆的地位，诸多古玩铺相继开张，其中许多成为经营多年的老字号。店铺老板有落榜学子、古董商人，乃至王公贵族、官宦权贵等，比如博古斋、尊古斋等，他们的创立人祝锡之、黄兴甫虽然都幼承家学、苦读诗书，但无奈在京城会试中落了榜，于是在琉璃厂留了下来，他们在一定的古文学识的基础上，很快就掌握了鉴定金石文物的本领，于是开了古玩铺来经营青铜、古瓷玉器等。有的店铺老板是因为本来就不通八股文章，感觉无法走上仕途，机缘巧合就开起了古玩铺，如萧秉彝在萧家经营酸梅汤的信远斋旁创立了论古斋，经营书画，被称为艺苑画廊。有的老板原先是店铺的学徒，学习期满后就自己另外开店，如茹古斋的孙虞臣原是博古斋祝锡之的徒弟，后来开创茹古斋，经营钟鼎铜器、瓷器杂项、古玩字画等；韩少慈本是琉璃厂裱画铺的学徒，创立韵古斋以揭裱字画为主营业务，开始经营字画。大观斋和延清堂由内务府总管出资，由古玩商经营，但经营方式和品类却不相同。大观斋以经营古玩杂项为主，如古墨石章、漆器珐琅、字画手卷、古玉配饰等；而延清堂以经营铜器瓷器、文玩古董为主，在清廷衰败之时，这里还公开买卖官窑瓷器，经手过很多官窑瓷器精品，与同样经营官窑瓷器的位于四牌楼的荣兴祥古玩铺并驾齐驱。琉璃厂的古玩店铺经营品类繁杂，从玉器把件到钟鼎礼器，从文玩清供到铜器佛像，不一而足。多种文物珍品亮相于众店铺，名家所书的匾额、楹联遍及琉璃厂各个角落。即使不购买古玩，到此一游，亦是一桩雅事。每日这里顾客络绎不绝，串货者川流不息，是古玩的主要集散地。

随着历史变迁、时代更迭，琉璃厂文化街依然焕发着无限魅力，也受到政府的高度重视，政府多次在此组织建筑修复、街区规划等工作。如今的琉璃厂已成为城南的文化符号。

从以上分析来看，琉璃厂成为古玩一条街有多种原因：民俗文化为这里集聚了一定人气；清政府的民族迁移政策致使大量汉官士人在这里居住，使这里从一个交游场所变成居民区、商业区，他们的需求为琉璃厂书肆、古玩业的发展提供了机会；乾隆时期编纂《四库全书》的文化策略让这里的书肆行业兴旺发达，到了道光年间，随着《四库全书》编纂的完成，这里的书市逐渐被古玩行业取代，连王公贵族都加入到古玩行业的大军中来，许多古玩店铺发展成为这里的老字号，使琉璃厂成为古玩交易的重要集散地。

第三节　北京古玩交易市场的交易品类

一、珠宝玉石

从北京古玩交易市场的概况可以看出，珠宝玉石是古玩交易市场的主要品类之一，各个高档古玩交易市场都在显要位置设置有珠宝玉石专柜，主要经营玉器、翡翠、珍珠、水晶饰品、各种观赏石、印章石、玛瑙、琥珀、蜜蜡等。这主要因为随着人们生活水平的提高，佩戴各式饰品成为人们生活中的重要部分。一方面，珠宝玉石可以收藏、赏玩；另一方面，珠宝玉石对于大众消费群来说，还可以装点生活。而且随着人们对玉石文化的认识不断深入，珠宝玉石的收藏价值也越来越显现出来。珠宝玉石中的小件饰品，如一串4A级青金石手链价格在千元左右，普通蜜蜡手链也不过五六百元，对于普通大众来讲，还是消费得起的。不像古董玩器，对于普通大众来说，还是感觉太遥远，不但消费不起，也认识不到它们的价值。在北京古玩城的一层大厅的货厅式摊位，中间显要位置几乎全部是珠宝玉石的摊位，佰汇古玩珠宝城、天雅古玩城、君汇古玩城、博古艺苑古玩工艺品市场等都在显要位置设有珠宝玉石店铺。潘家园旧货市场的地摊、佰汇古玩珠宝城B座第三层及程田古玩城的室内地摊也有大量批发零售珠玉、水晶饰品等工艺品的摊位，其商品有新疆和田玉、俄料和田玉、四川大凉山的南红、河南佛寺的玉器、云南的黄龙玉、江苏东海的水晶等，也有来自国外的玉石，如巴西水晶、阿富汗青金石等。

随着中国经济的快速发展，人均购买力不断增强，拉动了珠宝玉石的市场需求，当然巨大的需求也抬高了其进货价格。近年来，珠宝玉石价格不断攀升。一位店铺老板说，五年前的飘花翡翠手镯拿货价只要3、5 000元，如今要三五万元。但珠宝玉石和房子一样，越涨越有人买，于是形成了庞大的消费群体。

二、瓷器

瓷器收藏是古玩收藏中的重要的一项，古瓷一般有明清瓷、元青花、高古瓷等。高古瓷器是相对明清瓷而言的品类，是指明以前的瓷器。但高古瓷与明清瓷的概念只是一个相对的说法，并没有一个定论，也有人把明龙泉窑纳入到高古瓷中。而元青花虽然属于明以前的瓷器，但一般将其单列出来，并不属于高古瓷。明清瓷一直是市场的宠儿，澳门中信国际拍卖有限公司于2014 年 6 月拍卖的明斗彩花蝶纹杯以 43 700 万元港币成交，明成化斗彩葡萄杯以 21 850 万元港币成交；北京瀚海拍卖有限公司拍卖的明嘉靖青花五彩鱼藻纹盖罐以 2 352 万元人民币成交。而高古瓷的市场却阴晴不定，原因有很多。一方面，人们对高古瓷的认识不够深入；另一方面，现代的审美观念与高古瓷的审美理念有点出入，现代人所要的工艺精良、典雅高贵在高古瓷中并没有体现，高古瓷更多地给人以质朴无华的感觉。最重要的原因是高古瓷的流通渠道不畅，国家明令禁止拍卖高古瓷，所以高古瓷转手的机会只能在收藏者之间进行，变现就不是那么容易。这样就造成明清瓷器一路走高，而高古瓷在价格上不能反映它的价值，形成了价格洼地。但高古瓷的价格不能比肩明清瓷，也给了喜爱高古瓷的收藏者一些机会。

瓷器是古玩交易市场中的重要品类，在北京各大古玩交易市场都有一席之地。一般古玩交易市场的瓷器都放在交易市场较重要的位置，如佰汇古玩珠宝城、天雅古玩城、北京古玩城等。有的古玩城的店铺不但经营瓷器，还负责瓷器鉴定。古玩交易市场经营的瓷器除了明清瓷、高古瓷，还有现代仿品、当代钧窑、景德镇瓷器等，这些当代工艺品也占据了瓷器交易的半壁江山。许多交易市场有专柜销售当代工艺品，如亮马国际珠宝古玩城在第二层有钧窑苑出售当代工艺大师的作品，爱家国际收藏品交流市场有北京龙泉青瓷艺术馆，北京文化城有景德镇瓷器专场。真正的明清瓷价格很高，数量少，在古玩交易市场，能经营如此高端的藏品的经营者也都是行家，所以想"捡漏"而变现的机会很少，但将购买明清瓷作为一项长期投资是不错的选择。高古瓷由于交易渠道以及价值认识等方面的原因，在市场上还是常能见到的，只是看收藏者是否喜欢这类藏品。瓷器的收藏由来已久，近几年来瓷片也成了宝贝，报国寺文化市场"顾亭林祠"旁中国古陶瓷馆的天一藏中国古陶瓷集珍专营北京地区古瓷片。

三、书画

书画是古玩交易市场重要的一部分，只不过因当今艺术品市场的繁荣，书画有专门的一、二级市场，北京各大画廊、798艺术区、宋庄小堡村艺术区等都是书画的经营场所，因此书画在古玩交易市场的分量就没有珠宝玉石那么重。但因为书画，特别是中国画，是我国的国粹，富有民族特色，是中华文化与文明的承载者，在古玩交易市场是不可或缺的。各大古玩城几乎都有书画经营区，形式分为店铺和展馆。佰汇古玩珠宝城 A 座第三层，就有专门负责书画家展览事宜的展馆。当然书画经营多数还是以店铺为交易空间，如北京古玩城 B 座（又称北京古玩城书画艺术大世界）以经营书画为主；东方博宝古玩书画城四层专营书画及与书画相关的书画装裱、装框等业务，也有许多书画家在这里既从事经营又进行创作；博古艺苑古玩工艺品市场第二层也以经营书画为主，也有许多书画家驻场经营，种类包括油画、国画，有个别店铺经营与书画相关的业务如歙砚、宣纸、毛笔、印章石等文房四宝的销售；程田古玩城有几家专营欧洲、日本回流书画的店铺；亮马桥国际收藏品交流市场第一层后半部分设有书画厅，有从事字画经营及装裱的人，但驻场专营工作室的人不多；潘家园旧货市场在乙排楼的第二层专营书画，品类有国画、油画，甚至农民画等。

书画有独立的交易渠道，但在古玩交易市场仍拥有一席之地。古玩交易市场经营的书画以当代书画居多，从事商品画经营的也不在少数，也有一些以模仿当代一流艺术家的作品为主，纯粹的旅游纪念品也有经营。当然，在北京这个外国大使馆、留学生聚集的地方，这些商品还是很有市场的。

四、古典家具

在 20 世纪 80 年代以前，收藏界对古典家具收藏并不重视，后来王世襄在《明式家具珍赏》《明式家具研究》中挖掘了明清家具的文化内涵，从而引起了人们对古典家具的关注，掀起了收藏古典家具的热潮，古典家具的收藏价位也节节攀升。以黄花梨家具为例，在 20 世纪 80 年代，一件明黄花梨圈椅不过千元。而在 2009 年北京保利拍卖有限公司第九期精品拍卖会上，一件明代黄花梨圈椅以 3.36 万元人民币成交；而佳士得香港有限公司 2009 年秋季拍卖会拍出的明末黄花梨交椅以 290 万元港币成交，折合人民币为 255.49 万元；2014 年北京艺融国际拍卖有限公司拍出的清黄花梨雕龙二联橱以 115 万元人民币成交。明清家具收藏的热潮让明清家具成为市场的宠儿，当然也不是所有明清家具都值得收藏。黄花梨木家具以明代及清早期的价值最高，清代乾隆时期的宫廷紫檀家具也很具收藏潜力。

　　北京古玩交易市场都有经营古典家具的店铺。潘家园旧货市场、天雅古玩城、弘钰博古玩城等，都设有专营古典家具展厅。古典家具作为重要的古玩交易品类，也有很多专营市场。北京最重要的古典家具市场是高碑店古典家具市场和吕家营古典家具市场。高碑店古典家具市场位于北京市朝阳区高碑店古典家具街，整条街绵延几里地，店铺上千家。吕家营古典家具市场是在吕家营旧货市场的基础上发展起来的，目前已经成为北方最大的古典家具集散地。吕家营古典家具市场分两个区域，其中一个区域分部在吕营大街的入口处的十八里店桥的两侧，另一个重要的区域在吕家营村西的街两侧。

　　这些古典家具市场经营的古典家具有现代仿古家具、古旧家具等。高碑店古典家具市场的华伦美丽家具的第三层专营古旧家具，在吕家营古典家具街有个别店铺经营古旧家具，其他古玩交易市场也都有古旧家具经营。但事实上，古旧家具存世极少，特别是明清精品家具等，多被专家或博物馆收藏，偶然在市场上见到，价格也都不菲。市场上最多见的是那些花梨木、酸枝木、楠木材质的古典风格的家具，其中缅甸花梨、老挝红酸枝、四川金丝楠木的家具最为多见。

五、佛教用品

　　国内对于佛教用品的收藏大约始于 21 世纪初，这时起国内一些藏家才开始涉足这一领域，当时主要的收藏对象是佛像。翰海拍卖有限公司看到了这一商机，于2004年开始为佛像推出专场拍卖会，随后其他各大拍卖公司也纷纷效仿。到了2006、2007年时，收藏的对象就不再限于佛像，还有其他的佛教相关文物，依据这些题材而设的专场拍卖会多了起来。如瀚海拍卖有限公司于2006年推出的"永乐气象"，以及匡时国际拍卖有限公司推出的"般若光辉"等，都属于古代佛教文物专场。虽然当时的拍品不多，但成交率很高，各拍卖公司在佛像专场上屡获佳绩。在香港苏富比公司2006年10月举行的"佛华普照——重要明初鎏金铜佛"拍卖会上，明永乐铜鎏金释迦牟尼佛坐像以1.166亿元港币的价格成交，不仅打破了中国工艺品的世界拍卖价格纪录，还对这一领域的藏品收藏导向产生了重要影响。自此以后，佛像的收藏随着时间的推移越来越火热。2013年10月，同样是香港苏富比拍卖公司，名称亦相同的一尊释迦牟尼佛坐像，又以2.364 4亿元港币的价格再一次刷新了世界最高拍卖价格纪录。

现在佛像以及与佛教相关的工艺品都已成为人们收购的对象，特别是藏传佛教的相关工艺品，如唐卡等。北京各大古玩交易市场都有佛教相关工艺品的经营商，其中许多是专营这一品类的文物公司。北京古玩城五层的海外回流厅的石头轩有限公司、桑杰文物有限公司等都以佛像为主要经营对象，桑杰文物有限公司还在天雅古玩城建有佛教美术馆展厅。除了这些文物公司，其他古玩交易市场都有经营者经营佛教文物，只是并不集中。潘家园旧货市场在古玩杂项的地摊上也有各类佛像，不同材质、不同品类的都有。

六、工艺品

如今在市场上流通的真正的古玩逐渐减少，古玩商为了满足收藏爱好者的需求，追求最大的经济效益，不断扩大市场经营品类，现代工艺品、民间民俗手工艺品等都涌入了古玩交易市场，并占据了重要的位置。古玩交易市场的工艺品以经营装饰性工艺品和民族民俗工艺品为主，如珠宝玉石、瓷器茶具、银饰漆器、竹木石雕、剪纸刺绣、书画复制品、针织蜡染、水晶配饰、竹草藤编、民间玩具等。

联合国教科文组织《保护非物质文化遗产公约》的出台，让全世界都开始关注非物质文化遗产。我国是一个古老的富有文化内涵的国家，几千年的历史造就了各类非物质文化遗产，其中许多不能以实物的形式出现，而有些工艺品却是可触摸的，可在市场上流通的。古玩交易市场就成了这些工艺品与外界交流的平台，潘家园旧货市场的棚摊下专设非物质文化遗产区，苗绣、蜀绣、苏绣等品牌绣品，藏、满、彝、蒙古等各民族特色绣品，以及湖南省湘西土家族苗族自治州的苗族服饰、贵州省安顺市的蜡染，在这里都能找到。广式硬木家具、京作硬木家具制作的传统工艺制品都可在高碑店古典家具一条街、兆家朝外古典家具城、吕家营古典家具市场看到。雅园国际的工艺品及把玩厅专营可供把玩的核桃、葫芦等，苏州核雕、潍坊的光福核雕、山东聊城的葫芦雕刻等技艺都在这里有所展示。珠宝玉石是古玩城的重要项目，自然少不了已纳入非物质文化遗产的玉雕器物，如苏州玉雕、北京玉雕、河南省镇平县玉雕、广州玉雕等。总之，众多被列入非物质文化遗产的技艺制作的工艺品都在古玩交易市场流通，展示着它们的文化魅力。

当今北京的古玩交易市场不仅是古玩艺术品的集散地，也是海内外游客的游玩之处，特别是潘家园旧货市场、琉璃厂文化街、北京古玩城、报国寺文化市场等具有一定的文化历史意义的地方更受欢迎。古玩交易市场顺应市场需求，工艺品、书画复制品等旅游纪念品也开始销售。北京古玩城一层大厅就设有针对国外游客的现代商业书画专柜。红桥市场也是外国游客很喜爱的地方，那里几乎 70% 的顾客是来自国外的。到那里逛一下就会发现，到处都是店铺老板在用流利的英语招待海外顾客。海外顾客喜欢选购珍珠饰品、各类小工艺品、书画复制品等。另外，也有来自全国各地的批发商到十里河天娇文化城、潘家园旧货交易市场、报国寺文化市场串货。

现代工艺品已成为北京古玩交易市场的重要商品品类，有高档的珠宝玉石，也有旅游纪念意义的商品，有非物质文化遗产工艺制品，也有工艺复制品，可批发亦可零售，交易方式灵活，商品种类齐全，将古玩交易市场的"古玩"的外延，扩大到近乎一切可收藏的或有市场需求的商品范围。

七、红色藏品

红色收藏品主要是指反映革命战争年代以及某些特殊历史时期的题材，并具有纪念意义的物品。红色收藏品包含的品类很多，包括书画、瓷器、报刊、宣传画、邮币卡、主席像章等在内的众多物品。红色藏品在古玩交易市场也比较受欢迎。其实在 20 世纪 80 年代以前，红色收藏品并不为收藏界所重视，个别收藏者仅出于个人喜好收藏此类物品。20 世纪 90 年代，报国寺文化市场、潘家园旧货市场开始出现红色收藏品，因为当时收藏这类藏品的人不多，市场上的复制品少，真东西多，淘到价格低廉、品相良好的藏品的概率很大。后来由于红色收藏品具有历史纪念意义，各大博物馆、纪念馆为推动红色文化宣传，到全国搜集红色收藏品，推动了红色收藏行为在全国流行。随着全国各地的红色革命纪念馆相继建立，人们对于这类藏品的需求越来越大。具有红色收藏情结的藏家就更加热衷于此了。收藏投资者也不会放过这一领域的机会，甚至国外的收藏家也对此产生了浓厚的兴趣，于是红色收藏品的价格也就"芝麻开花节节高"，成了拍卖场的新宠。1995 年中国嘉德国际拍卖有限公司拍出的《毛主席去安源》以 605 万元成交，2005 年北京瀚海拍卖有限公司在油画雕塑专场以 683.2 万元的价格成功拍出沈尧伊的油画《血与心》。

现在的古玩交易市场当然少不了红色收藏品，潘家园旧货市场、报国寺文化市场有专营红色收藏品的区域。有些收藏品如毛泽东像章、红色连环画、红色老照片、《毛主席语录》袖珍选编本等，因其存世量大、收藏门槛低而备受大众喜爱。"文革"瓷也是古玩交易市场中红色收藏品中重要的一项，特别是真正的唐山瓷器，光泽细腻，洁白无瑕，最具有投资、收藏价值，其价格也逐年攀升。红色收藏品中的油画，留存量太少，价格极高，很难在古玩交易市场上看到的，也有在流通的，但一般都已进入了拍卖市场。

第四节　北京古玩交易市场的主要经营方式

一、古玩店铺

古玩交易市场的经营方式有多种，但古玩店铺始终是古玩交易行业经营的主要方式。我国古玩交易历史悠久，交易市场的出现建立在"市"的基础上。"市"就是进行交易活动的场所，容纳了众多店铺从事经营，维持交易活动。我国古代最早的交易活动在西周时就开始了，《易经·系辞下》记曰："日中为市，致天下之民，聚天下之货，交易而退，各得其所。"①真正的店铺经营在六朝时期就已经存在，东吴建业街市中店铺林立成行，颇成规模。左思的《吴都赋》有描写"市"："轻舆按辔以经隧，楼船举帆而过肆。"②这句话中的"肆"是指"市"之道路。商铺经营"犀象、玳瑁、珠玑、铜银、果布之凑"③等。可见，当时的古玩店铺已经初具规模，古玩品类丰富。特别是到了明清时期，由于历史的原因，琉璃厂成为古玩店铺的聚集区，并对古玩交易行业产生了很大的影响。

店铺经营既是一种商业运作方式，又可展示古玩艺术品。首先，古玩店铺是属于古玩交易市场中整体运作系统的关键性中介，是联系收藏家与古玩的重要桥梁。其次，古玩店铺给收藏者提供了一个固定的空间，给收藏者一定的安全感及信任感，使其对古玩的品质更加认可，因为这个空间是不可移动的、常设的，不像地摊会在不同的时间不断地转换摊主。再次，古玩店铺经营的古玩不同于普通商品，要经营古玩，店主必须有一定的文化水平以及对古玩的认知。经营古玩的店铺一般都是专营某个类别的，店铺老板对古玩

①周易：卷九［M］.黄寿祺，张善文，译注.上海：上海古籍出版社，2007：402.
②萧统.文选：卷第五［M］.李善，注.上海：上海古籍出版社，1986：219.
③同②.

的知识越丰富，收藏者对店铺的信任度就越高。如果店主想增加原有经营品类，就要重新学习新的古玩知识，店铺将有很长的一段转变期。清道光年间成立于琉璃厂的博古斋，起初经营青铜礼器、古玩字画都很成功，后来，掌柜李境湖发现碑帖市场很受欢迎，但自己在这方面的知识阅历在行内不受认可，因此即使有好的碑帖也没有客户光顾。后来他不断学习这方面的知识，才在这一行业立足。因为经营古玩需要眼力、学识，所以前琉璃厂古玩店的伙计都要不断地学习，一般老古玩店铺早晨 10 点开门，下午 4 点就关门，为的就是留出让伙计们学习的时间，在这一过程中，产生了许多鉴定大家和学问家，如孙殿起、陈重远等。如今在北京，有的古玩交易市场还是遵循前琉璃厂这些店铺的经营习惯，一般每天早晨 10 点才营业。最后，古玩店铺也是文人雅士常来常往的地方，他们与店铺掌柜谈古论今、交流古玩文化，如前琉璃厂时期，王士禛、顾亭林、翁同龢、鲁迅等都曾在琉璃厂留下了许多故事。如今古玩城的店铺已经没有了前琉璃厂时期的开阔空间，当然这有多方面的原因，一方面，当今古玩城的房租与店铺内面积有直接关系，经营者出于实际利益的考虑，不可能租用太大的空间；另一方面，当今的古玩店铺虽然还是文化的载体，但毕竟时代在变化，在建筑空间上与从前大不相同，不可与前琉璃厂时期同日而语。但一般高档古玩城的店铺内部装修都古香古色，亦设桌椅，供收藏者、鉴赏者进行文化交流。

如今北京古玩交易市场的店铺同样承载着文化传播的功能，是联系古玩与收藏者及爱好者的中介。只是古玩店铺的经营品类随着现代人的审美及需求发生了变化。因此，当前北京古玩交易市场店铺的经营品类繁杂，不限于古玩，珠宝玉石、奇石根雕、现代工艺品等都是古玩交易市场的重要品类。尽管在交易品类上与时俱进，增加了很多现代工艺品，古玩交易市场还是不同于日用百货等商业市场，文化韵味仍是其主要特点。

二、地摊

地摊一直是"跳蚤市场"中的主要经营方式，《现代汉语词典》中"跳蚤市场"的定义为"经营廉价商品、旧货物和古物的露天市场"。[①]地摊交易的历史要比店铺交易历史悠久。最早可追溯到原始社会的物物交换。以前，"古董鬼"（古董商贩）们背着古董玩器，四处叫卖，遇到合适的地点就席地而坐，以地为摊，后来逐渐地集聚到一个固定的区域，自发形成小市场，而且直到今天，地摊在高档古玩城林立的北京亦备受喜爱。潘家园旧货市场客流量很大，从人气的旺盛程度上，非那些高档古玩城所能企及，而潘家园旧货市场如此高的人气主要还是因为地摊。到底有哪些人喜欢逛地摊呢？一是古玩行业的行家里手。他们常常喜欢逛地摊，因为古玩店铺的经营者大都懂行，"捡漏"的机会很少，而地摊虽然鱼龙混杂，但地摊商贩的"眼力"不一，会有"走眼"的时候，"捡漏"的机会也大。二是研究人员。他们不爱好收藏，只是出于研究的目的，寻找对他们有用的器物，如瓷片标本。近年来的瓷片热就是因为研究人员的兴趣，才在市场上火了起来。三是古玩爱好者。这些人大多眼力不高，但又爱好这一行，来地摊纯粹为了长见识、练"眼力"，当然免不了"交学费"。四是旅游爱好者。这些人是出于文化旅游的目的，但正是这些人喜欢购买地摊上的工艺品、民族手工艺品等旅游纪念品，如潘家园旧货市场周末可接待海内外游客上万人次，这些游客是地摊消费的一大重要群体。

报国寺文化市场、潘家园旧货市场的地摊是最有代表性的传统地摊，特别是在周四的报国寺、周末的潘家园，形形色色的人挤满了市场的各个角落，摆地摊的有全国各地的小古董商贩以及北京当地闲暇人员。小古董商贩从全国各地收集古玩，一般是到周边农村或各地的古玩艺术品交易会上淘，然后汇集起来到北京的古玩交易市场上摆摊。因为他们没有固定的进货渠道，货源也不稳定，因此并不租赁固定的店铺经营。能收集到货就拿到地摊来卖，没有货的时候就去收。潘家园还设有百姓跳蚤市场，北京当地闲暇

①中国社会科学院语言研究所词典编辑室.现代汉语词典：第五版［M］.北京：商务印书馆，2009：1356.

人员可以拿出家中的旧货来摆摊，打发闲暇时光。周边的市民可在早上 8 点前到潘家园管理办公室排队领取摊位号，缴纳一定的摊位费，即可在这里售卖自己家里的旧货。因为潘家园旧货市场周末的客流量与日常客流量不可同日而语，客流量大了，生意自然就红火，周末租金也水涨船高。不过许多小商贩宁愿选择租金高的周末，据他们说，周末一天生意顶好几天，可以节省时间，提高效率。

随着北京古玩交易市场的发展，各大古玩城的相继成立，地摊文化不仅没有衰落，而且更加兴盛，形式更加多样。不登大雅之堂的地摊被古玩城搬到了室内，不再受风吹日晒，不再尘土飞扬，市民的地摊情结在现代古玩城模式下加以延续。佰汇古玩珠宝城、程田古玩城、宋庄古玩城等都设有室内地摊。其中，佰汇古玩珠宝城 B 座三层的室内地摊是北京的古玩城中最具规模的室内地摊。商户有从其他露天地摊搬过来的经营者；也有以前喜欢收藏，因藏品多了想拿出来出售的藏家；还有在古玩城已有店铺，但感觉这种模式前景不错，于是就抢占先机占个摊位的。佰汇古玩珠宝城的室内地摊主要经营天然水晶、玉石翡翠、古玩瓷器、"文革"遗物等。宋庄古玩城也在一进门的大厅内设有地摊，不过不是每天都有，宋庄古玩城会在门口贴出地摊开市的日期，一般安排在周末。这里的经营品类很有特色，以老酒为主，这在其他古玩城是很少见到的收藏品类。

古玩地摊从室外发展到室内，从旧货市场走向古玩城，是古玩交易中地摊魅力经久不息的佐证。

三、文物公司

文物公司是由国家文物局审批的，能够经营国家规定的、可流通文物的企业。当前，北京的文物公司共有六十六家，位于古玩城的有三十余家。北京古玩城有桑杰文物有限公司、石头轩文物有限公司、源古文物有限公司、北京秦源文物有限公司等众多文物公司；琉璃厂文化街有北京市文物公司、北京市古董钱币公司、荣宝斋、中国书店等。其中，北京市文物公司、中国书店等是国营企业，其他大多数文物公司都是民营企业。而在早年，文物经营只是文化管理机构的一个职能部门，并没有文物商店专门负责文物收购及销售工作，由民营企业来经营国家文物更是不可思议的事情。1960年5月北京文物商店成立，民间的文物流通被强行并入保护为主、国家统制的经营轨道。文物收购和出口统一管理，法律化地把文物商店推为市场监管主角。文物商店收购的文物供应全国各大文物保护收藏单位，也为大学及文物研究机构提供具有研究价值的文物，为我国文物保护以及学术研究做出了贡献。20世纪80年代后，改革开放的大潮推动了市场经济的发展，也繁荣了文物市场。到20世纪90年代，随着恢复民间文物流通的呼声越来越高，以国有文物收藏一统天下的局面已经不能适应社会发展形势，国有文物商店体制改革已迫在眉睫。在这一过程中，北京文物商店更名为北京文物公司。同时，在法律允许的范围内，由自然人注册资本经营文物公司从事经营业务被提上了日程。2005年，北京古玩城向市文物局提出了申请，并获得审批同意成立自然人资本文物公司，成为具有整体文物经营资质的古玩交易市场。

在北京的文物公司中，国有企业占有重要的地位。坐落于西城区琉璃厂东街64号的北京文物公司隶属于北京市文物局，是全国最大的集收购、销售、保护以及学术研究于一体的文物公司，经营品类丰富，有历代书画、古旧陶瓷、青铜佛像、古旧家具、玉器珠石、竹木牙雕、碑帖印章、文房四宝等。北京文物公司在琉璃厂拥有萃珍斋、庆云堂、敦华斋、悦雅堂等十余个经营部门，在北京古玩城拥有百一山房经营部。各个经营部门的侧重点不同，有的以金石陶瓷为主，有的以历代家具、地毯等家具杂项为主，有的专营古钱币以及钱币复制品，有的专门针对大陆顾客的文物经营部，还有的专门针对海外客户，出口经国家文物局许可的历代文物。北京文物公司总部与各个经营部形成合力，实行差异化管理的经营理念，加上多年来的经营管理经验、良好的信誉、优秀的人才队伍等，使其具有其他文物商店所不具备的优势。北京文物公司因隶属国家文化管理机构，在承担文化宣传传播方面肩负着较其他文物公司更大的责任。北京文物公司也依靠自身深厚的资源整合的实力，通过开办展览等方式对大众进行文化宣传普及教育。如 2014 年 11 月为纪念齐白石诞辰 150 周年而举办的"齐白石作品精品展"，展出的作品都是齐白石生前各个时期的代表作，共计百余幅，还有些作品是首次与广大观众见面，实为难得。

荣宝斋是隶属于国家新闻出版署的国有企业，前身是创建于康熙年间的松竹斋，已有二百多年的历史，以经营文房四宝、古玩字画而闻名，也从事书画装裱等。荣宝斋自制木版水印技术一流，被列入国家级非物质文化遗产名录。荣宝斋是国内极少数经营可出口的文房四宝类的公司，经营的部分古砚、古印及书画等文物是经国家文物局批准的可以在国内外出售的。

中国书店是隶属于北京市新闻出版局的国有企业，历史悠久，在琉璃厂及前门、西单等地设有二十余个经营部门，是全国最大的经营文史类书籍的书店，也是北京唯一收购、修补、出售古籍善本的书店，是重要的经营古旧图书的文物公司。

北京古玩城是具有文物公司最多的古玩城，有三十余家文物公司，多数属于民营企业。其中，桑杰文物有限公司、石头轩文物有限公司、九如堂文物有限公司、古中阁文物有限公司、源古文物有限公司、北京秦源文物有限公司、东方启轩文物有限公司等具有经营海外回流文物的资质，它们大都位于北京古玩城五楼海外文物回流厅，经营品类以陶瓷佛像居多。其他的文物公司分布于古玩城的不同区域，以经营珠玉宝石、古旧陶瓷、宗教器具、古旧家具、缂丝刺绣为主。

文物公司是随着时代的发展，人们对于民间文物流通的呼声越来越高，而由原来的文物商店发展而来的，承担着文物保护、回流文物的收购、文化传播的功能。

四、网络

如今网上购物已成为人们日常生活中不可或缺的部分，从日用商品到大型器械，从美容用品到健身器材，甚至海鲜、宠物等都能在网络购得，其内容真可谓无所不包。而购物人群也从年轻人开始，扩展到各年龄段的人，人数已占全国总人口的 15%。第 49 次《CNNIC 中国互联网络发展状况统计报告》指出，截至 2021 年 12 月底，我国网民规模达 10.32 亿，较 2020 年 12 月增长 4 296 万，互联网普及率达 73%。随着网络交易的发展，更多商户的加入让市场竞争更加激烈，一些商户开始寻找那些市场有需求但还未饱和的商品，于是古玩、民俗工艺品等也成了商户开发市场的目标。在这个电子信息时代，古玩交易市场也开始进行网络经营。网络经营包括线上古玩城、网上店铺交易、网络拍卖等方式。

　　潘家园旧货市场和琉璃厂文化街是北京古玩交易市场中最为耀眼的明星，而在网络经营上也各显神通、平分秋色。潘家园旧货市场建立有网上商城、网上跳蚤市场、网上展厅等。网上商城犹如精品店铺，展示有各类古玩艺术品，如珠宝玉石、古典家具、民间工艺、文房雅玩、票证卡币、书法绘画、书刊等。跳蚤市场是实体地摊的网络版，发布了很多转让、求购、鉴赏信息。网上展厅给收藏者及经营者的各类藏品一个很好的展示平台。除此之外，网络还给收藏者一个很便利的交流空间，例如红色收藏区域，除了销售经营外，"红藏会"的动态、"红藏"故事、收藏研究、藏家风采等栏目为喜欢红色收藏的藏友提供了一个交流、学习、研究的平台。潘家园最大的特色是"赶大集"，于是在网上继续以其为主题推出了"网上赶大集活动"。这个活动于 2009 年开始实行，一方面解决了实体摊位资源不足的问题；另一方面满足那些没有时间逛古玩交易市场，却喜欢古玩的收藏爱好者。"网上赶大集活动"除了展示、销售商品，还可以在网上预定实体摊位，使经营者线上、线下两不误。琉璃厂古玩艺术品交易网也是具有琉璃厂特色的网络交易平台，较潘家园不同，进入琉璃厂古玩艺术品交易网就如同进入琉璃厂的东、西街，晋文阁、萃文阁、忠厚堂、钟鼓斋、明夷堂、湘宝斋等典雅的古玩店映入眼帘，经营主要有书法绘画、陶器瓷器、金银铜器、珠宝玉石、古玩杂项等，其宗旨是"雅玩、鉴赏、品文化"，也体现了百年琉璃厂的历史文化韵味。

网上店铺交易是利用淘宝、易趣等三方平台，发布、展示古玩，并进行线上交易的经营方式。这种方式与淘宝、易趣平台下的其他店铺的经营方式是没有差异的，只是交易的商品不同罢了。在网络发达的今天，古玩交易市场中的很多店铺都采用实体店铺与网络交易两种方式。北京古玩交易市场在淘宝网上经营的就高达5 000多家，经营品类齐全。玉器有当代玉雕、明清玉雕、高古玉器等；瓷器窑口有磁州窑、石泉窑、定窑、钧窑、耀州窑、越窑等；彩瓷有粉彩、斗彩、珐琅彩、釉下彩、玉彩、浅绛彩、红绿彩等；文房四宝有笔、古墨、历代名砚等；珠宝玉石有钻石、红宝石、海蓝宝石、鸡血石、寿山石、青田石等；紫砂类古玩有壶、盆、瓶、罐、文房、摆件等；铜器有青铜器、铜炉、铜像、墨盒、手炉、铜镜、天铁托甲、铜杂件等；鼻烟壶有清代、民国、近现代内画鼻烟壶及瓷器、玛瑙、和田玉、琥珀蜜蜡、水晶等各类材质鼻烟壶；还有竹木雕、漆器、核雕、彩绣、刺绣、织绣、掐丝珐琅等杂件，以及老玛瑙、珊瑚、蜜蜡琥珀等材质的散珠、项链、手串、雕件摆件、挂件等。

无论是线上古玩城，还是网上店铺交易，都可以用拍卖的方式进行销售，以吸引消费者，如淘宝网的古玩店铺时常会进行无底价拍卖以造声势，琉璃厂古玩艺术品交易网也设有网络拍卖专区。以上都是以店铺经营借助网络交易平台进行的展示、拍卖活动。但大多数网络古玩拍卖都是店铺委托网络拍卖公司来进行的，如嘉德在线、赵涌在线等。嘉德在线、赵涌在线都成立于2000年，是网络拍卖的先行者，也是最成熟的艺术品专业拍卖网站。嘉德在线依托中国嘉德的优势资源，专注于瓷器、玉器、书画、油画等，参加拍卖的企业和机构要先成为注册会员以取得进入网站拍卖的权利，网络拍卖公司从会员那里征集拍品，进行统一登记、拍照、鉴定。赵涌在线主要以邮票、钱币等物品为目标产品，已成为世界邮展网上邮市全球合作伙伴。

五、古玩会所

古玩会所是古玩城近年来新兴的集交流、学习、研讨于一体的经营方式，它在外在形式上近似于古玩店铺，但却与古玩店铺有着不同的内涵。店铺是对每个客户开放的，而会所仅针对圈内的朋友，而且不以营利为目的，以鉴赏交流为经营宗旨。古玩会所多位于高档古玩城，如北京古玩城、佰汇古玩珠宝城、东方博宝书画古玩城、程田古玩城、君汇古玩城、弘钰博古玩城等都设有古玩会所。

古玩会所经营者一般是大古玩商以及爱好收藏的企业家等，随着藏品越来越丰富，他们需要一个固定的空间储存藏品并将其进行展示。许多拍卖行的老板就是古玩城会所较早的发起人。也有一些古玩店铺老板，随着交易圈子的扩大，知名度的提升，逐渐放弃了人来人往的店铺经营模式，进而发展会所经营模式，以自己的圈子为中心来鉴赏古玩、探讨文化、结交朋友等。有的会所的前身是沙龙，爱好收藏的藏家日常收藏的古玩积累多了，就希望有一个空间来进行展示，圈内关系不错的就一起组织个沙龙活动，既鉴赏珍玩、相互交流，又增进友谊，但这样的沙龙活动是短期性的。久而久之，藏家就想建立个固定的场所和空间来展示、交流、学习，于是古玩会所就应运而生。古玩会所以北京和上海居多，而上海的古玩会所多选择在写字楼或古玩城。北京多选择在古玩城，因为北京的古玩城有浓厚的藏家氛围，而且在这里可以接触到最新的古玩交易市场信息，及时了解市场行情。最关键的是会所给了经营者一个私有的空间，他们随时可以在宁静、无人打扰的情况下把玩藏品，在私密的环境下，与古玩交流对话。这样的古玩会所虽然位于古玩城内，却也逍遥在人海之外。

近几年，新开业的古玩城一般都留出一层空间来发展会所，但古玩城对来经营会所的经营者也是要精挑细选的。他们要有一定的经济实力，在行内要有丰富的从业经验和较高的知名度，更重要的是人品要好，具有良好的口碑。古玩行内最害怕碰到品行低劣的商家，为谋己利，对别家的古玩指指点点，这种商户就会被拒之门外。会所不同于店铺，店铺是"欢迎光临"，而会所是"非请勿入"。每一个加入到会所的人，都是圈里的朋友，或朋友的朋友，对每个朋友带来的朋友，是要先摸清楚其个人情况的，只有经过一段时间的考察，被会所接受，才能正式加入进来。这正是会所较店铺的优势，它可以杜绝那些不相干的人的干扰，以节约时间、节省交易成本。对于那些大企业家来说，时间就是金钱，日常的应酬已经很繁杂，再与那些不相干的人交流是一件痛苦的事。加入会所的会员是否被会所接受并不是仅仅以经济实力而论，即使有人经济实力很强，但藏品都没有什么价值，也不会被会所接受，因为商家与这样的人交往，会让业内人认为"眼力"不高。会员不仅仅要有一定价值的藏品，而且其兴趣要和会所的品位接近，如果一家会所是玩古典家具的，而你是玩古玉的，兴趣点差异很大，当然不会被会所接受。尽管如此，会所也是要讲究人气，拓展人脉的。会所的内部环境的布置、设计都要与会所经营的品类审美相符，一方面为经营者创造私人的优雅的环境，另一方面也要向业内人士展示一下会所的档次，以暗示有珍贵的藏品。很难想象一个装修都不讲究的会所，会有什么古玩珍品，毕竟会所接待的都是经济实力雄厚的藏家，在会所整体档次上要体现他们的地位。古玩会所除了艺术品的交流，也为商业交流提供机会，一些古玩会所只是这些经营者事业的一部分，他们一般还有其他方面的投资，而会所也是进行商业交流的场所，在这样的环境下谈一笔生意，似乎让人更加愉快，成功率也会更高。因此，一般的古玩会所都是由展厅、品茶室甚至餐厅组成的。展厅是最为重要的部分。会所展厅的布置一点也不比博物馆的展厅差，展示品严格按照品类分别摆放，又要照顾摆放器物间的历史关联性及整体的效果，以提高收藏者的兴趣，为古玩行业"圈层营销"建立环境基础。"圈层"一词最初来源于近代欧洲的沙龙文化，是指具有相似的生活品位、社会地位、经济实力、艺术鉴赏力的特定的社会群体。"圈层营销"就是通过这个圈子的文化交流、社会活动来进行营销的方式。古玩会所在某种程度上亦是采用了这一方式。会所一方面要有吸引人的高档古玩艺术品，另一方面要进行文化品位方面的品牌营销。品牌营销让更多具有相似品位的人集聚在会所，这样的圈子对同一层次上的其他人具有极强吸引力，让更多的人相继加入进来，进一步产生辐射效应，从而让会所进入良性循环，不断发展。

第三章

北京古玩交易市场的功能

第一节　古玩交易

《2011 年国际艺术市场：艺术品交易 25 年之观察》指出："我国 2011 年艺术品交易额占全球的 30%，首次超越了美国，成为世界上最大的艺术品与古董市场。而北京集聚着全国最多的艺术品拍卖公司及交易市场，就拍卖行业来说，自 2010 年，我国有 20 件艺术品以过亿元价格成交，其中大部分由北京地区的拍卖公司拍出。2011 年，北京艺术品市场总成交额高达 1260 亿元，占全国艺术品市场总成交额的 60％。"[1]北京无疑成为全国乃至全世界的古玩艺术品交易中心。

古玩在狭义上都属于文物的范畴，文物要由具有文物交易资质的文物公司或文物拍卖企业经营。北京的古玩交易市场具有文物经营资格的文物公司多集中于古玩城，特别是北京古玩城有三十余家文物公司。一般的古玩交易市场是不具备经营文物的资格的，目前北京古玩城是具有整体文物经营资质的古玩交易市场。但古玩交易市场交易的品类中的仿古艺术品、有限复制品、当代艺术品以及现代工艺品等是有别于文物的，这些广义上的古玩，在各大古玩交易市场均可以进行交易。

古玩交易市场是古玩交易的一级市场。从旧货市场到古玩城，从文化街到文化市场都有古玩交易。北京是全国古玩交易中心，古玩的货源也有多个渠道，很多收藏者都齐聚于此。以投资为目的的收藏者的古玩要通过市场流通，才能获得增值机会；而以收藏为目的的藏家的藏品也不是只进不出的，他们经过一段时期的收藏之后，眼光会越来越挑剔，并为了使其藏品形成

---

[1]丁静，赵琬微，赵仁伟．首都文化艺术品交易市场发展迅猛［J］．商海气象，2013（1）：18-19.

一定的体系，他们会通过市场流通，对以前的藏品进行整理，放弃不再有兴趣的藏品，留下他们认为必要的藏品。当然藏家中也有为了资金周转，"以藏养藏"的。而且北京是六朝古都，这里的断垣残瓦或许都是值得收藏的古玩珍品，随着市场越来越火热，这些藏品逐渐流入古玩交易市场，成为古玩交易的一部分。比如古瓷片，在北京进行城市建设的初期，修河除污时就时常被发现，当时并没有多少人认识到其收藏价值，只有部分研究者对它感兴趣，如今那些碎瓷片也成了宝贝。报国寺文化市场专门设有瓷器馆，馆内其中一部分就有北京的古瓷片。在战争频发的年代，特别是在清末至民国时期，国内军阀混战，国外帝国主义势力入侵，大量的珍贵文物被外国人抢掠，流向海外。如今随着我国综合国力的增强，国民收入的提高，国内收藏热潮的出现推高了古玩的价格，使海外的古玩开始向国内回流。这部分回流文物也成为北京古玩交易市场的主要货源，北京古玩城五层的海外文物回流厅是专门经营海外文物回流的文物公司的集聚区。在北京古玩交易市场的地摊上有很多小古董商贩，他们的古玩多数是从农村或偏远地区淘来的，这些小古董贩来自全国各地。家乡在距离北京远的地区的小古董贩都在北京租有房子。一般他们家乡有亲朋负责收集古玩，运送到北京来。在地摊上，还可以看到北京当地的市民把家里收藏的古旧物品拿到市场上来卖，比如潘家园旧货市场就设有"百姓跳蚤市场"，专为那些想出售自家旧物的北京人所准备。

　　古玩交易市场是最重要、最直接的古玩交易行为的载体。北京古玩交易市场有各个层次的交易空间载体。古玩交易市场的空间载体有古玩城、文化市场、文化街、旧货市场等。古玩城有北京古玩城、天雅古玩城、佰汇古玩珠宝城、东方博宝古玩书画城、弘钰博古玩城、程田古玩城、宋庄古玩城、通州古玩城等，旧货市场以潘家园旧货市场、北方旧货市场等最为代表，文化街有如琉璃厂文化街等，文化市场有如报国寺文化市场等。在交易空间上，古玩城多以店铺为主要交易空间，有的辅以室内地摊；而旧货市场多以地摊为交易空间。在交易品类上，北京的古玩交易市场也涵盖各个不同门类，包括珠宝玉石、瓷器杂项、青铜器物、佛教用品、书籍报刊、红色藏品等。当然各大古玩交易市场因交易空间载体不同，所交易的品类有所不同，其侧重点亦有不同。多数古玩交易市场都是综合型的，门类齐全，品类繁多，满足不同层次消费者的需求，如北京古玩城、天雅古玩城、佰汇古玩珠宝城、爱家国际收藏品交流市场等；但为了在北京众多古玩交易市场中凸显自身特色，许多古玩交易市场除了经营必要的古玩类别外，还会设置一个或几个经营重点，比如佰汇古玩珠宝城、东方博宝古玩书画城都是综合型的古玩交易市场，但又分别以琥珀与书画类的藏品为各自的经营重点；报国寺文化市场除了经营各类古玩杂项外，以书刊为经营重点；宋庄古玩城设有其他古玩城所没有的酒类藏品的经营空间。许多古玩交易市场也就仅以某个品类进行经营，如高碑店古典家具一条街、吕家营古典家具市场、兆佳朝外古典家具市场等以古典家具为主要经营品类，以凸显自身在该行业中的突出地位。

北京古玩交易市场是全国古玩艺术品的集散地，这里不仅仅是零售交易的场所，也是古玩商串货的主要地区。各大古玩城会有各类串货会，在串货会上，古玩品种丰富、价格低廉，吸引了很多商户前来洽谈业务，不仅为商户提供机会，也为古玩城集聚人气。潘家园旧货市场等以地摊形式为主的交易市场，更是古玩商串货的好去处。古玩摊贩要到全国各地串货的，自然不会放过北京这一重要的市场。来这里串货的不仅有国内的商贩，韩国、日本的古玩交易市场的商户大多也会来这里进货。古玩店铺老板之所以到这里拿货，是因为虽然这里的古玩多来自民间，给人的感觉好货不多，但只要有眼力还是能淘到好东西的，将看好的货拿到店铺售卖后，价格起码要翻一番甚至更高，因此对他们还是有一定的吸引力。早期能到潘家园旧货市场"淘宝"的都是资深商户，他们有眼力、有见识、有魄力，对市场行情很了解，知道如何、在哪里能淘到宝贝。潘家园旧货市场早期的古玩大都还没有经历过多的市场流转，价格比较低。一手古玩商贩因收集的古玩品类繁杂，不是每一件古玩的信息都能了如指掌，难免有"打眼"的时候，那些资深的商户就可以在这时候"捡漏"。

通过古玩交易的零售和串货方式，北京古玩交易市场在成交总额上已居全国首位。孔繁峙在讲话中指出"我市已成为全球最大的中国文物艺术品交易中心和全国最大的传统工艺品交易集散地"，特别是"以北京古玩城、潘家园古玩市场、天雅古玩城为主体的潘家园古玩艺术品交易园区，年交易总额逾36亿元"。①

第二节　文化旅游

文化是一个抽象的概念，必须附着于一定的载体，才能使文化资本持续为经济建设服务，而文化旅游不失为一条有效路径。城市文化资源可以以旅游的形式，转化为资本，为城市发展带来巨大的经济利益，于是文化旅游的概念由此产生。不同的组织机构对文化旅游有不同的解释，从民族学的角度来看，文化旅游可以定义为："基于需求一种全新的深层次文化经历，无论是在审美、知识、情感还是心理方面都是一种特殊的旅游活动。"②世界旅游组织对文化旅游如此定义："人们出于文化动机而进行的移动，诸如研究性旅行、表演艺术、文化旅行、参观历史遗迹、研究自然、民俗和艺术、宗教朝圣的旅行、节日和其他文化事件的旅行。"③这定义从微观上将文化旅游的概

①孔繁峙. 以创新的工作思路，推动文博事业的持续发展［J］. 北京文博，2010（4）.
②宁泽群，金珊. 798艺术区作为北京文化旅游吸引物的考察：一个市场自发形成的视角［J］. 旅游学刊，2008，23（3）.
③吴光玲. 关于文化旅游与旅游文化若干问题研究［J］. 经济与社会发展，2006，4（11）.

念具体化。无论是微观还是宏观，是广义还是狭义，文化旅游都是与文化相关的活动，如文化体验、文化教育以及其他与文化相关的民俗活动等。

北京古玩交易市场除了最基本的古玩交易功能外，也承担着一定的文化旅游功能，这些功能在北京的文化旅游业中发挥着重要的作用。北京的文化旅游在形态上主要以静态为主，如参观不可移动的文物遗迹等，为大众所熟知的长城、颐和园、故宫、十三陵等历史建筑遗迹占据其主要部分。如果在文化旅游资源方面仅仅依靠这些现有的建筑遗迹，也会造成在旅游产品形态上过于单一化，阻碍北京旅游业向深层次发展。北京的文化旅游也不能仅仅依靠固有的文化存量，要不断挖掘与文化相关的产业机会。文化产业具有高附加值、知识化的特征，将其与旅游业结合，能提升旅游业的文化含量。将传统文化与旅游资源结合起来、实行多元化产品战略，是北京文化旅游改变产品形态、增加北京文化旅游动态化魅力的重要目标。充分发挥北京古玩交易市场的文化旅游功能是实现这一目标的途径之一，特别是要关注那些具有一定历史文化渊源的古玩交易区，如琉璃厂文化街、潘家园旧货市场等。这些古玩交易市场不仅能提供古玩交易场所，也能为那些不买只看的人提供旅游机会，感受古玩文化、民俗风情，因而产生巨大的文化效益。

旅游依托北京古玩交易文化历史，配合北京市旅游发展规划，可不断发掘以古玩展示、学习交流和交易买卖为中心的旅游卖点，提升文化旅游品位。人们在这些古玩交易市场获得文化体验，感受这里的文化气息。如今的潘家园旧货市场、琉璃厂文化街都是中外游客的旅游首选之地，在欧洲的旅游地图上，这些地方都被作为重点旅游景点标示出来，这都是因为这里具有丰富深厚的文化历史，以及政府重视文化旅游资源。比如琉璃厂文化街历史悠久，在清代就是古玩交易一条街，许多老字号都已具有百年的历史，他们也是清以来琉璃厂的历史见证。前琉璃厂的历史为我们留下很多遐想，许多电视剧都以此为题材，如《五月槐花香》《琉璃厂传奇》《人生几度秋凉》《百年荣宝斋》等。作为古玩交易行业的发祥地，琉璃厂的文化博大精深，政府也很重视这条著名文化街的保护工作，多次进行修复工作，力图保持原有的风貌。如今，一进入琉璃厂，一个个古香古色的古玩店铺，经营的图书文玩、印章书画等古玩字画都富有中国文化特色。有些老字号虽然已不再营业，但那由名人书写的牌匾历经风雨依然悬挂在那里，似乎是在诉说那些往来于此的文人学士、书画名家与琉璃厂的故事。琉璃厂的传奇吸引海内外的游客前来购物观光，是提供文化旅游服务的重要场所。近年来，北京市政府又恢复了厂甸庙会活动，更为琉璃厂的文化旅游业锦上添花。在北京市"十二五"时期旅游业发展规划中，琉璃厂是京味民俗文化体验区的重点建设项目。从这一政策可以看出，这里文化旅游的功能是备受政府重视的。

　　"登长城、吃烤鸭、游故宫、逛潘家园"已经成为国内外游客的口头禅，潘家园能够和故宫这些富有悠久历史的建筑遗迹相提并论，可见这里是极富魅力的。在这里不仅能感受中国的传统文化，还可以享受购物的乐趣。特别是在奥运会期间，外国的游客数量激增，这里日客流量屡屡突破上万人次，他们尤其喜欢便于携带又富有中国文化特色的古玩艺术品，如文房四宝、竹木牙雕、服饰皮影、钱币邮票等。海外游客中不乏国家元首以及元首夫人，印度国大党主席索尼娅·甘地、瑞士联邦主席库什潘夫人、克林顿夫人希拉里、泰国公主诗琳等都曾到这里游览。

　　北京古玩城建于1995年，坐落于潘家园古玩艺术品交易园区，分A座、B座、C座三个区域，入驻的古玩店铺及文物公司总计达上千家，经营古玩艺术品的各个门类，如古旧瓷器、珠宝玉石、文房书画以及钟表铜器等杂项，内容丰富，无所不包。北京古玩城以潘家园古玩交易商圈为背景，以古玩艺术品交易为经营主业，依托北京首都旅游集团，在北京的文化旅游业中占有重要地位。众多国家的友人，甚至国家政要都曾到这里购物，如德国副总理菲舍尔、马来西亚总理夫人、美国前总统夫人希拉里等。在2008年北京奥运会期间，北京古玩城还承担了海内外友人的接待任务，被北京奥组委确定为指定购物单位。

随着文化产业的兴起，加上政府政策的扶持和引导，北京古玩交易行业在文化历史的基础上，逐渐形成潘家园古玩艺术品交易园区以及琉璃厂历史文化创意产业集聚区。根据《北京市文化创意产业集聚区认定和管理办法》，它们分别于 2006 年 12 月和 2008 年 3 月被北京市认定为市级文化创意产业集聚区。文化创意产业集聚区在发展旅游业方面具有得天独厚的优势，现代产业化的管理、人才科技等因素可以通过文化旅游得以展现。将旅游业与这些文化创意产业集聚区相结合，可以为产业发展提供创新因素，同时提升文化旅游的深度与广度。

第三节 博物馆

博物馆这一服务机构主要通过实物展示，达到对民众进行宣传教育、传播人类文化、科学研究、文物保护的目的。古玩交易市场在这一方面也发挥着博物馆的功能。

博物馆的宣传教育工作主要通过日常以及特色的展陈工作来进行，观众在参观博物馆的过程中，通过讲解员讲解以及观众自我浏览可以了解馆藏文物的历史知识。博物馆要实现宣传教育功能，拥有一定数量和质量的藏品是关键，只有在这样的基础上，才能进行日常展陈工作，吸引观众参观。而北京古玩交易市场在这一方面拥有得天独厚的优势资源，因为它是古玩交易的一级市场，大量的古玩都通过这里流通。古玩交易市场的古玩种类繁多，包罗万象。古玩作为古代遗留下的艺术品，本身就具有审美和道德教化的功能。那些古玩爱好者、收藏者可以到古玩交易市场触摸古玩艺术品，感受它们的艺术魅力，了解它们的历史价值。

古玩交易市场通过古玩店铺的柜台、地摊的摊位等把古玩展示出来，达到传播文化的目的。此时的古玩与博物馆中的藏品具有同样的作用和意义，因为古玩也是人类历史遗留下来的器物，是人类生产、生活的产物，它凝结着劳动人民的思想智慧，是人类精神文化的象征。

古玩交易市场在一定程度上发挥着博物馆的宣传教育、文化传播的功能，但在发挥这些功能的方式上却与博物馆有着许多差异。

在古玩交易市场中，宣传教育的功能是在进行交易过程中实现的。这与传统的博物馆不同，博物馆的教育以解说员的解说为主要方式；而古玩交易市场的教育功能是在顾客与古玩的互动中得以实现。当人们流连于古玩交易市场中时，古玩本身所蕴含的文化艺术品质便会深深地打动那些顾客，留给顾客一定的思考空间，无论最后是否能达成交易，顾客都必然会思考这件古玩的意义和价值，扩大了古玩价值的外延，并构建了新的古玩价值体系。当然，因顾客年龄，以及受教育程度、层次不同，对古玩的理解也不同，对古玩价值的外延的理解也不一样，对古玩价值体系的思考和构建也不同。但无论怎样，这一切都是反映了古玩交易市场的教育功能。

博物馆要想实现对人们的教育功能，对"物"的展示是关键。当展品的外在形态与内在意义无必然联系时，参观者通过简单的展品内容介绍无法准确理解其真正的意义，博物馆在宣传教育、文化传播方面的功能就将大打折扣，因为人们不能直接与"物"接触，亲密交流。古玩交易市场的自由环境很容易让人们不自觉地投入到古玩文化的学习中去，顾客会不自觉地拿起心爱的古玩艺术品，真正地触摸一件瓷器、玉器，感叹古人的智慧，并通过与卖方直接的知识交流进一步增进对古玩知识及艺术魅力的了解，这样古玩交易市场就达到了感化、教育的目的。古玩交易市场对人们的教育本身就是非正式的，不是课堂里的说教，而是通过激发人们的兴趣，来改变人们的观点看法，或加深人们对古玩文化的印象，并不像课堂中以传授知识为要点。

近年来随着我国综合国力的增强，一大批博物馆相继建立。随着社会的不断发展，以及人们思想的解放、生活水平的提高、知识的不断丰富，博物馆已不再是"象牙塔"，人们可以更自由地在其中体验文化、体会历史，但博物馆没有"平易近人"的热情和温度。而北京古玩交易市场却将开放自由的文化活动的优势发挥得更淋漓尽致，在北京古玩交易市场有多种经营空间，如店铺、地摊、会所模式等。许多旧货市场、古玩城都留有传统的地摊，因为它给人平等自由的感觉，不管是不是古玩爱好者或收藏者，都乐意在没事的时候来到地摊逛一逛，穿梭在林林总总的古玩摊位前，可能不经意间会有一件心仪的物件跃入眼帘，便俯身把玩欣赏，或与老板交流一番，这一过程是博物馆的冰冷的玻璃柜台所不能给予的。店铺是北京古玩交易市场最为普遍的交易空间。许多店铺空间较地摊大很多，一般二三十平方米。虽然店铺看起来较地摊封闭，不像地摊一样可以席地交易，但一般店铺的古玩陈列在四周，中间设有茶几桌椅以供买卖双方进行古玩交流。买卖双方将古玩置于桌上，仔细把玩，一起探讨其历史根源、工艺制作等。这一品味鉴赏的过程亦是文化交流和传播的过程。古玩交易市场也是人们休闲娱乐、游玩的好去处，各大古玩交易市场为了增加客流量，还会不定期进行文化宣传，增强娱乐活动氛围。

总之，北京古玩交易市场发挥了博物馆的部分功能，不过与博物馆略有不同，在一定程度上较博物馆更自由。当然，古玩交易市场的这些近似博物馆的宣传教育和文化传播功能，只是一定程度上对博物馆功能的补充，不能替代博物馆的功能。博物馆数量巨大、门类繁多，涵盖社会历史、文化艺术、科学技术、红色教育以及其他行业门类，还有一流的科研工作者为其做出巨大的努力，在藏品的收集上形成了一定的体系。而古玩交易市场以古玩交易为第一要义，文化传播和宣传教育功能是市场经营品类——古玩所带来的附加功能。

第四节 古玩鉴定

古玩交易市场在一定程度上承担着古玩鉴定的功能。古玩是一种特殊商品，在这一行业，无论是对于经营者还是收藏者，拥有鉴定知识是参与这一行业的基础。对于古玩交易市场中的经营者来说，不具备一定的古玩鉴定知识，无法在这一行业立足；对于收藏者来说，不具备一定的古玩鉴定知识，无法分辨古玩的真伪、无法判定古玩的年代等，就会在古玩交易市场"打眼"。

首先，古玩交易市场的经营者不但要会经营管理，还必须具备一定的古玩鉴定水平。纵观前琉璃厂文化街的老古玩店铺，那些能持续经营的店铺掌柜都是具有很高的鉴定能力的，而古玩店铺的衰落也有"眼力"不够高的原因。前琉璃厂时期的论古斋是光绪年间开业的著名的古玩店铺，以字画为主营业务，影响广泛，被世人称为"艺苑画廊"。掌柜萧维邦、萧云章鉴定文玩字画的水平一流，当时受朝廷官员、社会名流追捧，论古斋人来人往、络绎不绝。到民国时，论古斋由萧少云经营，可他鉴定文玩字画的"眼力"不够，真伪看不准，就失去了萧维邦、萧云章时期的魄力，在收购文玩字画方面就显得拘谨保守，放不开手脚，导致货源越来越少，客户也越来越少，最后不得不关张。关张时萧少云还直接将珍贵的鸡血石石章送给了别人，主要是因为石章长期日晒变黑，萧少云不识货，以为它不是珍贵材质的石料。这件小事可见论古斋衰败的原因是萧少云鉴定经验不足。

具备足够的鉴定知识和经验是经营古玩店铺的关键，一个不具备古玩鉴定知识的经营者即使具有再强的经济实力，也无法持续经营古玩。古玩店铺里诸多血的教训都历历在目。清末时，有家叫聚源斋的古玩店铺，掌柜姓陈，以经营官员之间相互应酬的礼品为主。陈掌柜后因一个偶然的机会发了一笔大财,但是经济实力的增长不但没有将聚源斋发展得更好,反而让他贫困潦倒。原因是这样的,他自从一夜暴富后,受人挑唆进入了他根本无任何鉴定经验的珠宝玉器行业,用他大部分积蓄买来一堆不值钱的玻璃制品及人造宝石,最后让他血本无归。虽然他因不了解这一行业而失败,但是聚源斋却成了百年老字号。因其门人牢牢记住陈掌柜的教训,认真研究珠宝玉石的知识,提高了珠宝玉石的鉴赏能力,使聚源斋在行业内的影响力越来越大。

从以上分析可以看出,古玩行业是一个特殊的行业,经营者需要有较高的鉴赏能力和文化素养。孙殿起在《琉璃厂小志》中提出:"贩书事虽微细,但亦非如他项商业,……盖书籍与字画文玩,历史悠久,每件物品,各有其供应价值与方向,又不仅善于应对顾客也。……积年累月,经验多,始有判断能力,此非一朝一夕可以骤至,需赖业师指授,方能胜任也。"①纵观那些古玩老字号,其掌柜都在所在经营领域里具备一定的文化修养和鉴赏能力,他们也不涉足自己不熟悉的领域,因为要在一个领域里具有一定的鉴定水准就需要花费很长的时间和精力进行学习研究。

老古玩铺的这些经验教训在当代的古玩交易市场上同样适用,做古玩生意必须有好"眼力"。只有好的"眼力"才能淘到好的古玩。经营古玩需要成本,最终目的是要赚取利润,因此不能仅仅依靠第三方鉴定机构来完成进货工作,那样将花费很高的成本。

其次,古玩交易市场是收藏家、专家学习古玩知识,以及提高鉴别能力的最佳场所。许多鉴定大师都是在琉璃厂中不断摸索,提高了"眼力"。有的曾是店铺掌柜,有的曾是店铺的小伙计。著名鉴定专家范岐周曾在琉璃厂开设了名为韫玉斋、陶庐的古玩店铺,陶瓷鉴定专家耿宝昌、孙会元都曾是琉璃厂博古斋门系的门徒,刘九庵是悦古斋培养出来的鉴定大师。老古玩铺的掌柜并不直接教伙计们如何鉴定,伙计们在日常工作中观察掌柜如何鉴定

---

① 孙殿起.琉璃厂小志[M].北京:古籍出版社,1982:196.

经营，再通过亲自触摸古玩，提高鉴赏本领。掌柜与顾客交谈的过程也是学习的好机会，伙计们要仔细聆听，听他们谈论古瓷、古碑帖、青铜器的历史典故、文化内涵，业余时间再进一步对照实物琢磨其中的门道。琉璃厂老古玩铺开门营业的时间较晚，而关门时间较早，主要原因就是要留给店铺伙计进行专门研究学习的时间。

老北京文物街的店铺的经营者和伙计有得天独厚的学习鉴定优势。有些人没有直接学习的条件，但其鉴定水平也是受益于琉璃厂等文物街的。当代文物鉴定大家史树青是当代鉴定界的国宝级人物，涉猎古玩品类广泛，有瓷器、玉器、青铜器以及书画碑帖、金银器等。他的文物知识主要是在北京师大附中上学时打下的基础。"北京师大附中的校址紧挨着琉璃厂，正在这里读中学的史树青每天下午放学后都要去琉璃厂转转，他这一习惯从幼年就养成了。那时他跟着父亲到琉璃厂看字画、学鉴定。"[①]著名的书画鉴定大师杨仁恺曾经在不被人们注意的废弃的库房里鉴定出张择端的《清明上河图》真迹，他也曾多次说过，他的大学就是琉璃厂。

我国当代著名的文物鉴定专家大都在老北京的文物街上实践过很长时间，才练就了一身本事，当代的古玩鉴定的学习更需要古玩交易市场这一实习场所，因为古玩鉴定不仅需要很深厚的理论基础，还需要了解市场行情，诸如了解目前造假手段等。古玩交易市场自古以来就有赝品充斥其中，而且伪造赝品主要是为交换价值，以谋取经济利益，所以赝品会最先出现在一级古玩交易市场。随着科技的发展，赝品的制造技术也越来越高，正所谓"道高一尺，魔高一丈"。以古玉为例，造假的主要手段有两种，一种是利用旧的玉料伪造古代名贵玉器，另一种是利用新玉来伪造古玉器。造假者利用现代科学技术使伪古玉极难辨认。造假者还会充分利用现代考古学的研究成果，一旦有考古发现，造假者便以迅雷不及掩耳之势，利用古玉的造型、

①于彬.文物鉴定人访谈录：文物专家谈文物收藏与鉴定［M］.北京：蓝天出版社，2004：5.

纹饰等方面的特征制造出伪古玉。这些造假技术也会根据鉴定成果"与时俱进"，一种鉴定经验被公之于众后，就被利用到造假中，使鉴定经验无法再真正发挥作用。当今，在玉料越来越稀有的情况下，用旧料仿古的做法很少，多数伪造方法是新玉做旧或假料充新玉的方法，新玉做旧的方法有造黑漆古法、水坑古法、提油法、土花血斑法等，方法多样，极易掩人耳目，鱼目混珠，扰乱市场秩序。在玉器行业是这样，在其他品类里亦然。那些伪造品会让消费者上当受骗，蒙受重大损失，有些仿品甚至可以达到以假乱真的程度，蒙蔽某些专家。

最后，古玩交易市场自古以来就是集鉴定与经营于一体的。老北京文物街的古玩店铺的掌柜都是文物鉴定界有影响力的人物，比如祝晋藩、黄伯川、范岐周、孙耀卿等。那些鉴定人才较多的老古玩铺，是代代传承下来的，有的还会形成门系。如博古斋门系，许多擅长鉴定青铜器、字画、瓷器、文玩印章的鉴定家都与博古斋有一定渊源，京师古玩行商会前两任会长赵佩斋、孙秋帆，以及著名的文物鉴定专家孙会元、陈重远都是这一门系下的人；茹谷斋、大观斋、式古斋的门徒也都是这一门系的。

在当前古玩交易市场，市场的古玩经营企业也是经营与鉴定一体的，因为不具备鉴定水平的古玩经营企业是很难生存的。有些古玩交易市场的古玩经营企业也因为在某个方面比较擅长，而对外进行鉴定工作。当然目前也有了专门的文物鉴定机构，这些鉴定机构除了国家文物鉴定委员会之外，也有民营鉴定机构，有百余家这样的鉴定机构分布于全国各地，但仅北京市就有五十多家。潘家园旧货市场、北京古玩城、天雅古玩城、佰汇古玩珠宝城、报国寺文化市场等古玩交易市场中都分布着多家鉴定机构。潘家园旧货市场的进门的左边设有北京北大珠宝鉴定中心，负责对外珠宝玉石的鉴定工作，也可以出具鉴定证书，潘家园旧货市场的珠宝玉石的鉴定证书多出自该鉴定中心。天雅古玩城的九层设有国家珠宝玉石质量监督检验中心，除周一外都有专家对玉石珠宝进行有偿鉴定，并可出具该机构的鉴定证书。报国寺文化市场的中国古玩馆每逢周四设有明清瓷器和高古瓷器的鉴定会。也有的由古玩城负责组织，聘请专家定期对外开展鉴定工作。君汇古玩城逢每个月的第一个周日，全天会与电视台合作，免费对外为收藏者鉴定，鉴定范围涉及各个门类，邀请的专家有叶佩兰、贾文忠等鉴定大家。

第五节　学术交流

古玩具有一定的艺术价值、学术价值，非普通人所能鉴赏，而且多数都价值不菲，因此能对这些古玩进行收藏的人都是具有一定的经济基础的爱好者或相关的学者、专家。他们都对中华古玩文化有很深的理解，具有一定的学术涵养。他们常常出入古玩交易市场，与古玩店铺的老板相交甚密，经常进行古玩的学术交流活动。

古玩交易市场的学术交流活动在北京古玩交易市场从来就没有停止过。琉璃厂由于宣南文化的影响以及《四库全书》的编纂，在清时已成为名扬海内外的文化街了，在这里古旧书籍、字画碑帖、古籍善本、文房四宝、青铜杂项等应有尽有。店铺纵横林立，店名富有文化气息：多以某某斋为名，如博古斋、茹谷斋、笔彩斋、大观斋、尊古斋等；或以某某堂为名，如文茂堂、鉴古堂、润文堂、京兆堂等。荣宝斋原名松竹斋，后更名荣宝斋，意为"以文会友，荣名为宝"；德宝斋有"德比圭璋儒所贵，宝兹彝鼎古为徒"之意。店铺的匾额亦是书画名家、名人雅士争妍斗艳之处：茹谷斋的匾是由翁同龢题写；清秘阁店的堂内有海派大家吴昌硕书写的匾额，门外挂的"清秘阁南纸店"是由阿克敦所书；德宝斋的匾是由克勤郡王岳拓所书。书法名家文人雅士的笔墨或笔力遒劲，或健朗挺拔，或潇洒飘逸，各具风姿。走进了琉璃厂就像走进了一个精彩纷呈的艺术世界，能感受到浓郁的文化氛围。

前琉璃厂古玩店铺的掌柜许多都是落榜举子，他们满腹诗文，能与客人交流学问。店铺内部环境优雅舒适，很适合在这里搜寻古籍、读书谈艺。关于店铺掌柜与顾客交往的故事也较多。当时来往琉璃厂的多是文化名人、朝廷重臣，朝廷大小官员，特别是文官下朝之后，一定要来琉璃厂逛逛。在《四库全书》编纂时期，纪晓岚、翁同龢、戴震等朝廷重臣都到琉璃厂搜集古籍，交流学问；王士祯、顾炎武等大学问家也都是琉璃厂的常客；孙殿起的通学斋就是在版本目录学家伦哲如的鼓励指点下经营的。书画家与琉璃厂古玩店铺的交往因为文房四宝这些媒介更加频繁，齐白石、陈师曾等书画名家就与经营治印、刻墨盒的店铺老板素来交好。文化名人在与琉璃厂掌柜的交往中，常常一起谈论诗文书画，鉴定断代金石碑帖、青铜石器。当时的翰林院编修何绍基、陈介祺与经营名人金石字画的博古斋常有往来，掌柜祝晋藩常与他们评论古今名画名人，畅谈文苑轶事。比如，某日祝晋藩与陈介祺探讨金石印玺，围绕秦汉印玺这一话题，从印的文字解析，说到印玺之渊源以及秦汉印章的字体，最后道出了秦汉印章的珍贵，娓娓道来，有理有据。琉璃厂掌柜与收藏者之间的学术交流一般就像这样，自由地就某个古玩展开，谈论有关的历史背景、作品意义、作者的轶事等，并一起对其进行鉴赏断代，并说出依据。这样的学术交流，造就了很多大鉴定家如范歧周、孙会元、耿宝昌等，以及出版目录学家如孙殿起、雷梦水等。

当今北京古玩交易市场也发挥着学术交流的功能，但其形式与前琉璃厂也有许多不同之处。前琉璃厂的学术交流一般是自发的，参与者有掌柜与收藏者，人数依来者的数量自由变化，店铺伙计们参与聆听，但一般不发言；现在古玩交易市场，无论是古玩城还是旧货市场，每年都有很多学术交流活动，而且一般是有组织、有计划的。当收藏者对市场不甚了解或对前景不太乐观的时候，就需要一定的学术交流来了解藏品的文化内涵，提升学术修养，了解市场动态。比如，在2000年以前，人们对于白玉的价值并不了解，收藏市场对它的认知度比较低，经营白玉的店铺寥寥无几，收藏者也不多。在这种情况下，北京古玩城经营白玉的几个店铺老板与赵津生等人成立了中国白玉研究会，举办了多期学术交流会，让更多的人了解玉文化。在交流活动的推动下，越来越多的人知道了白玉的收藏价值，不断有大收藏家加入到白玉的收藏活动中；北京古玩城专设"玉府金厅"来专营玉器，白玉就是其中的焦点。同时，当收藏者需要咨询专业性和学术上的问题时，也需要与专家之间的学术交流，现场听取专家的鉴定意见，并通过他们之间的互动，来解决收藏中的疑惑或问题，提高自身收藏的鉴赏水平和专业素养。北京古玩交易市场常常会安排学术交流活动，并通过媒体宣传造势，吸引收藏者参与。潘家园旧货市场、北京古玩城等交易市场每年要安排十几场学术交流活动。

　　北京各个古玩交易市场的学术交流活动在主题上各有侧重，一般以市场经营的主要品类为主题，因为不同的古玩交易市场经营重点有所不同，所以其交流的主要内容也随之而有所变化。例如，2014年报国寺文化市场有近二十场学术交流活动，主题以烟标火花、纸制品、钱币票证、徽章币章、体育收藏品、连环画为主。其中，全国纸制品交流交换活动每三个月举办一次，共计四届；全国体育收藏品交流会共计三次；全国钱币交流交换活动共计两次；另外还有全国第23届票证收藏交流大会、碑帖藏品鉴赏交流会、全国酒及酒器收藏品交流会等。潘家园旧货市场不仅交易场面火爆，学术交流空间也安排得井井有条，以连环画、民间瓷器以及艺术品的收藏与投资为主题。报国寺文化市场、潘家园旧货市场等交易市场学术交流活动层出不穷，形式多样。各大古玩城也常常聘请专家进行学术讲座，与收藏爱好者、古玩经营者进行互动交流，以提高收藏者、经营者的鉴赏能力以及市场洞察力。

　　学术交流也会与文化节结合起来，借助文化节来宣传造势。例如，2014年亮马国际珠宝古玩城春季文化节不仅是一场古玩文化盛宴，也是一次成功的学术交流活动。活动以"赏鉴世界物华，传承国宝文化"为主题，集展销、收藏鉴赏、学术交流于一体。文化节持续了近一个月，包含鉴定交流会、精品展示会、专家大讲堂等环节。在拍宝大型公益鉴定会中，还聘请了鉴定专家现场传授慧眼识真的知识诀窍；在迎春古董珍玩展示交流会上，一件件精品玉器、瓷器、竹木牙角、文房清供、文玩杂项等在这里亮相，让观者大饱眼福；在书画专场中，名家与现场观众互动，共同品鉴名画，讨论书画的市场投资价值，还聘请了专家进行知识讲座，以"中国清代瓷器的投资与收藏"为主题，详细论述了清代瓷器的器型特征、纹饰特点、文化内涵以及清代瓷器在当代的收藏价值，并对其在当代古玩交易市场的行情做了介绍，对其未来趋势做了预测。与文化节结合的学术交流活动形式新颖、内容丰富、效果颇佳，被许多古玩城所采用。"弘钰博大讲堂"是弘钰博古玩城借弘钰博文化节来开展的学术交流活动，首届弘钰博古玩文化节于2014年1月9日开幕，文化节分为"文物展览泛古风""文化讲堂话传承"等四个部分，"文化讲堂话传承"有元青花专题、蜜蜡琥珀专题以及织锦刺绣专题等。其中在元青花专题中，讲述了关于元青花的故事、纹饰特点、收藏数量以及鉴赏要素等，并带领听众参观元青花的展品，将理论与实践结合起来，比照实物，回顾元青花的那些神秘的故事，让听众更能深刻感受到古玩的魅力。

这些学术交流活动是联系收藏者与市场的纽带，将北京古玩交易市场打造成多功能的交易平台。许多学术交流活动已经被各个交易市场固定下来，成为市场定期的、传统的项目，如报国寺文化市场的纸制品交流活动、钱币交流活动等。这些活动已经有了很广的受众群体，能够吸引不同年龄、性别的收藏爱好者的参与，有利于市场在这一领域的发展，营造古玩交易市场的学术氛围。

第六节　文物保护

　　文物保护在普通人眼里是文物局的责任。其实，古玩交易市场作为古玩艺术品交易的一级市场，在一定程度上也发挥着文物保护的功能。比如，对经营文物资料的整理、归纳，收购被不知情的人当作废旧垃圾处理的文物，为博物馆收集遗失在民间的珍贵文物等。无论是前琉璃厂的老古玩铺，还是当代北京的古玩交易市场，都发挥着文物保护的功能。

　　在古玩交易市场上流通的古玩艺术品中，许多属于受国家保护的文物。这些文物有的是由于历史原因散落到民间，有的还将被当废旧垃圾处理，如不及时被收购，将面临毁灭之灾。特别是在清末民国时期，当许多文物因为晚清政府无力保护而濒临毁坏的时候，前琉璃厂许多老古玩店铺的大力收购，使其免遭灭顶之灾。如光绪二十八年（公元 1902 年）开张的悦古斋，在这一方面就做出了重要贡献：当时掌柜韩懿轩得知清廷内阁档案大库遭八国联军的侵略，又年久失修，库里的部分东西因没地方放，就要被销毁掉，他经过多次努力，将这批文物成功收购。他收购的文物中不乏稀世古墨、名砚，例如朱墨、高丽纸、歙砚等。朱墨属于皇上的御用墨，用其改批奏折，石质坚硬，墨色鲜亮，一般百姓是看不到的，极其稀有。还有古旧高丽纸，是中国朝廷特制的纸张，这种纸薄如蝉翼，且很有韧性，用力拉伸，不会折断，保存数年，色泽不变。这些都是珍贵文物，被悦古斋秘密保存起来，免遭毁坏。悦古斋在民国十年（公元 1921 年）时，还保护了一批清代内阁大库文物。北洋政府原准备以这些文物作为主要藏品开办历史博物馆，但为此筹备了十年，博物馆也没建起来。因政府财政困难，就将这部分藏品以四千元的价格卖给了同懋增纸铺，准备将其化为纸浆做还魂纸。悦古斋韩懿轩得知这一消息后，大为着急，于是他四处奔波筹资把它们抢购下来。这批文物有书籍案卷等，其书多明文渊阁之遗，案卷则有历科殿试之大卷、元明遗物中的档册等。[①]

　　文物一般都要通过几代传承，历经战争浩劫、天灾人祸才流传下来，有的并不完整，如不经修复，定会被不识货的人当成废品扔掉。古玩交易市场在这方面就做出了很大的贡献。许多文物都是在交易市场经过专家修复后，才得以留存。前琉璃厂的修补高手郑学刚的修复技巧几乎可以乱真，他曾修复海内孤本宋刻《文苑英华》。在前琉璃厂这样的高手还有不少，许多古玩店铺都可修复文物，如博古斋的金五尤其擅长修补受潮、火燎的文物。范宽的《群山复岭图》因火受损后，就是由他修复后，以古纸衬托揭裱，并请掌柜祝晋藩将缺失部分按原画笔法、意境补描，使《群山复岭图》得以恢复原状，终使这一名画得以保全。

　　古玩交易市场的古玩店铺不断地收购流失到民间的文物，在一定程度上起到了文物保护的作用。许多在民间并不被看好的古玩经专家鉴定后却发现有重大艺术、历史价值，因而被国家级文博机构收藏。这样的事例不胜枚举，比如中国书店就在收集和保护民间古籍善本方面做出了贡献。前琉璃厂有名的店铺通学斋是由大学者伦哲如出资、著名的目录学家孙殿起经营的百年老店，在新中国成立后改为中国书店。雷梦水在《琉璃厂掌故拾零》中写了很多关于中国书店在这方面的事例。例如，从山东书商那里收购的半部残宋版《春秋公羊注疏》，通过中国书店的集配，得以破镜重圆；再如，北京图书馆庋藏的宋刊大字本《春秋集注》共计十一卷，仅存七至十一卷，后来中国书店在收购旧书刊时，发现了一至六卷，于是快速购入，使其保持完整。[②]可见古玩交易市场对文物的购求，对于文物保护发挥着重要作用。

---

①陈重远.文物话春秋［M］.北京：北京出版社，1996：166-169.
②雷梦水.琉璃厂掌故拾零［J］.中国典籍与文化，1992（3）.

　　古玩交易市场对于流失文物的信息也是极为敏感的，许多国宝级文物也因此在这里被发现。前琉璃厂在收购古玩字画的时候发现国宝的事例很多。20世纪40年代，大量国宝级文物，如展子虔的《游春图》、陆机的《平复帖》，以及顾闳中的《韩熙载夜宴图》等出现在琉璃厂，经专家鉴定后都是真品。许多店铺老板被这些国之重宝惊呆，于是探究其来源。原来是溥仪逃离故宫时，带到伪满洲国的大量国宝，被藏在小白楼。后来溥仪逃离伪满洲国时，仅带走部分珍宝，大部分国宝被禁卫军哄抢，有的流落民间，于是有藏者把它们带到琉璃厂出售。这引起了文物部门的重视，并派专家调查此事，同时委派琉璃厂的店铺收购。荣宝斋就为国家收购到米芾的《苕溪诗卷》等国宝级文物，琉璃厂的许多店铺老板也组团到东北来收购这些文物，部分文物被收购回来，又辗转到收藏家手中。其中张伯驹收藏的展子虔的《游春图》、文徵明的《三友图》、赵佶的《雪江归棹图》等，最后都捐献给了国家文博机构，从而保护了部分文物，挽回了这一劫难的部分损失。类似"小白楼"事件这样的劫难，也致使许多国宝流失海外。但随着我国综合国力的提高，国民经济的增长，同一文物在国内的价格远远高于海外回流源地的价格，因此大量流失海外的文物开始回流。北京作为对外经济文化交流中心，在文物回流方面具有先天优势，而北京古玩交易市场是这些文物的主要载体，北京古玩城五楼专设海外文物回流厅，收购失散海外的文物。

　　当代北京古玩交易市场在文物保护修复方面也发挥着很大作用，但在形式上与前琉璃厂老古玩铺的文物修复不同。老古玩铺的文物修复工作一般由店员担任，集修复、揭裱、补描等工作于一体；而当代北京古玩交易市场的文物修复功能的发挥，不仅依靠古玩店铺，还依靠专门设置的文物修复中心。古玩店铺的文物修复工作是为满足经营需求自发进行的行为，一般店铺对文物的修复主要是由经营者对文物进行简单的外部清理，不再像以前那样集多种功能于一身。随着时代的发展，社会分工越来越细，书画装裱、装潢、修复等工作都已经有了专业的经营机构。文物修复工作也是由专业人员来进行，许多古玩交易市场就设有专业的修复机构，如北京古玩城就设有文物修复中心，受到政府部门、博物馆的支持，以国家文博机构修复人员为主，又集结了一些民间修复高手，具有专业性、权威性。北京古玩交易市场利用北京古玩城在古玩商圈的资源优势，在修复和保护文物方面发挥了一定的作用。

可见，北京古玩交易市场不论在文物修复还是文物收购方面，都发挥了保护国家文物的功能。在这里，各个领域通晓文物知识的专家能慧眼识珠，收购到在普通人眼里不值钱的珍贵文物；在这里，因为能够及时地了解最新的信息，可以发现遗落到民间的珍贵文物，使其得到保护；在这里，有大量的专业的修复人员，可以挽救那些被损坏的文物。

第四章

北京古玩交易行业发展的新增长点

——文化创意产业集聚区

随着文化创意产业的不断发展，产业集聚已成为当前文化产业发展的主要方式，其主要载体是产业园区。北京是全国的文化中心，在文化产业发展方面，如影视制作、科技园区打造等，起步很早，发展水平处于全国领先地位。在当今文化产业浪潮的推动下，北京古玩交易行业的产业化进程亦不甘落后。在北京丰厚的物质文化的基础上，在北京市政府的支持下，北京市文化创意产业领导小组进行了市级文化产业集聚区挂牌认定，首批被认定的 10 个集聚区里就有一个是古玩艺术品交易园区，即潘家园古玩艺术品交易园区；在第二批被认定的集聚区中，琉璃厂文化创意产业园区又成为其中之一。关于北京文化创意产业集聚区的研究有很多，但涉及古玩交易园区的却很少，因为古玩交易园区的发展模式有其特殊性，其经营品类不同于一般的商品。对于古玩的收藏，除了投资的目的外，其他如情感需要、精神需求等方面都与普通商品消费不同；而且古玩每一次被收藏者消费，只要妥善保管，不但不会有任何损耗，还是一次文化传播。古玩交易产业的运营模式也与通常的文化创意产业略有不同。因此，以北京古玩交易园区为中心，探讨园区产业化的理论基础及发展现状，分析北京古玩交易园区的特殊性和发展模式，对于北京古玩交易产业集聚区的发展具有重要意义。

北京古玩交易市场是全国最大的古玩交易中心，无论是在经营规模、交易品类还是营业额上都是其他市场无法比拟的。随着当前文化产业的进一步发展，北京古玩交易市场正向文化创意产业化方向迈进。以潘家园为中心的古玩交易商圈，就逐渐向产业化方向发展，带动潘家园旧货市场及周边旅游业、服务业、餐饮业的发展，并不断向周边辐射。如今，这里的古玩交易市场越来越密集，北京著名的古玩交易市场有一大部分聚集在这里，如北京古玩城、潘家园旧货市场、天雅古玩城、君汇古玩城、弘钰博古玩城，以及十里河附近的佰汇古玩珠宝城、东方博宝古玩书画城、程田古玩城等；并且古玩交易市场数量还在不断增加，如 2014 年开业的北京古玩城 C 座等。这里已经成为古玩交易行业重要的产业集聚区，其集聚程度越来越高，并发挥着"乘数效应"，推动北京古玩交易产业园区的产业化升级及北京区域经济的发展。

第一节　文化创意产业集聚理论概述

最先涉足产业集聚这一研究领域的阿尔弗雷德·马歇尔（Alfred Marshal）等经济学家，尽管没有全面阐述产业集聚理论的内涵，但却从不同角度分析了产业集聚的因素。马歇尔是首位对产业集群理论进行研究的经济学家。他用外部规模经济理论阐述了产业集群的集聚原因。一些企业在集聚之初主要是由于在原料来源、经营产品、工艺技术等方面具有某些相似性，它们集聚到一个特定的区域，可以充分利用这样的经济环境提供的条件，整合资源优势，节省成本。供应商可以为这样的区域集中提供所需原料，分销商可以快速地"货比三家"，寻找到性价比最高的产品。这样的特定区域由于以上的优势而吸引越来越多的企业的加入，集聚效果越来越明显，逐渐形成产业集群。在这样的产业集群内，企业除了共享外部经济所提供的便利外，之间的竞争关系也将越来越突出。因为在这样开放的环境中，即使再先进的工艺技术，也会很快被同行模仿或利用。这有利于增强企业的创新意识，使其不断超越现有的技术水平，在激烈的竞争环境中生存。企业之间也会因地理位置的便利，对新思想和管理经验相互交流学习，加强彼此间的协同关系。马歇尔从外部规模经济入手，对产业集群的形成原因做了重要的阐释，被称为产业区理论。之后，更多的专家学者对产业集聚理论进行探究，其中阿尔弗雷德·韦伯（Alfred Weber）的工业区位理论有较大影响力。阿尔弗雷德·韦伯把数学模型运用到产业集群理论中，对产业集群的因素进行了量化分析，创立了工业区位理论。他指出集群内的便利条件不但可以节约日常性开支，而且可以简化原料购进、产品出售的程序，使交易成本最小化。然而，无论是马歇尔的产业区理论还是韦伯的工业区位理论，都是从某个特定角度来阐述问题，存在着一定缺陷。还有很多专家根据本国的实际情况，对于产业集聚的理论进行探讨研究。苏联经济学家科洛索夫斯基（Korosovski）倡导地域生产综合体理论，他认为在该地域内的地理优势、交通条件、经济环境等可以被区域内的所有企业共享，这样将有利于整体性规划该区域企业的生产生活，以达到提高效益的目的。从科洛索夫斯基的阐述中可以看出，地域生产综合体就近似产业集聚区的概念，在该区域内有各类企业，从经营类企业到与之相关联的上下游的企业一应俱全。该理论在产业集群理论的研究上具有一定的价值，但因为没有脱离计划经济体制，因此也具有很明显的局限性。从区域空间角度来阐述产业集群的还有法国经济学家帕鲁（Francois Perroux）的"增长极"理论，该理论认为集群就像一个"力场"空间，这一空间就是后来的产业集聚区。在这个空间内的推动力就是"增长极"，其中创新力是最为重要的因素，它可以促使空间内的其他企业提升创新能力，推动其持续发展。持有相似观点的还有法国经济学家布代维尔（J. B. Boudeville），他指出在这个空间里，最重要的因素是具有推动作用的产业，这一产业能够加强空间内企业的整体联系和相互协作，并不断吸引空间外的经营企业的加入，使该空间的规模不断扩大，促进经济增长，并产生集聚效应。布代维尔的观点是对帕鲁"增长极"理论的进一步发展，对产业集聚理论的研究具有一定积极意义，但因为该理论过于强调政府的作用，也有一定的局限性。

　　以上经济学家从不同角度探讨了产业集聚的形成机制，提出了近似于产业集群的空间概念，却未明确其概念内涵。随着产业集群理论的不断发展，相关研究也越来越深入，产业集群的概念越来越清晰，产生了很多相关理论，如新产业区位理论、新竞争理论、新制度经济学理论、新经济社会学理论等。这些理论摆脱了前期研究从地理空间角度来阐述产业集聚形成机制的弊端，不仅仅挖掘产业集群的集聚原因，还对产业集群概念做了具体的定义。迈克尔·波特（Michael E. Porter）提出了产业集群的概念："产业集群是在某特定区域中，一群在地理上靠近、有相互关联性的企业和相关机构，由于彼此具有共性和互补性而联系在一起；产业集群包括一批对竞争有重要作用的、相互联系的产业和其他实体，通常向下延伸至销售渠道和客户，并侧面扩展到辅助性产品的制造商，以及与技能技术或投入相关的产业公司。产业集群包括提供专业化培训、教育、信息研究和技术支持的政府和其他机构。"[①]迈克尔·波特还将产业集群上升到国家战略的层面，把它看作一个国家或地区的主要竞争优势，他指出产业集群内的企业自身要不断提高生产力，以适应越来越激烈的竞争。竞争力促使企业不断加快创新步伐，提高企业效益，也推动新企业不断加入进来，产生集聚效应。迈克尔·波特的新竞争理论产生了重要影响，尤其他的"钻石"模型理论被应用到各个产业集群领域。巴格纳斯科（Bagnasco）和巴卡蒂尼（Becattini）从不同角度提出了新产业区位理论。巴格纳斯科认为新产业区是经营相关产业的企业在特定区域的聚集，他在一定程度上没有摆脱马歇尔等人从地理集中的角度看待产业集群的范畴。巴卡蒂尼对此做出了进一步的探讨，阐释了集群内的企业集合的原因，指出自然地理、人文历史等因素发挥着很大的作用。他认为新产业区的关键是形成具有合作关系的本地化网络，除了区域内的企业之间的合作关系，也包括区域内的企业与科研机构、学校机关之间因长期交流合作而产生的联系。新经济社会学理论也将其研究领域的理论核心运用到产业集群中，提出了一些新观点。该理论的核心是根植性、制度以及社会网络，格兰诺维

①姚林青. 文化创意产业集聚与发展北京地区研究报告［M］. 北京：中国传媒大学出版社，2013：68.

特（Granoverttor）是其主要代表。他明确地提出了根植性与制度以及社会网络的关系，并指出社会文化环境在网络与制度中的重要性。这一观点也被运用到产业集群中，他指出了产业集群集聚过程和产业发展中的文化因素。新经济地理理论也指出了文化在产业集聚中的作用，并提出了其他因素如自然优势集聚力、外溢集聚力等在产业集聚中产生的重大作用。新制度经济学理论的代表科斯（Coase）、威廉姆森（Williamson）将"交易费用"引入到产业集群理论的研究中。交易费用最初由科斯提出，他认为交易费用"包括为完成市场交易而花费在搜寻信息、进行谈判、签订契约等活动上的费用"；①威廉姆森（Williamson）又进一步确定了影响交易费用的三个维度，并通过对交易费用的维度的分析，提出了中间性体制组织，并认为这些中间性体制组织就是产业集群。

　　国内对于产业集群理论的研究始于20世纪90年代，在2000年后逐渐走向成熟。相关专家学者从不同的角度，对产业集群的集聚原因、集群内部企业的发展模式以及集群与该区域经济发展的联系都做了探讨。北京大学的王缉慈是较早地进入这一领域的学者，不仅对产业集聚理论做了深入研究，还针对我国产业发展的现状提出了我国产业集群发展战略的重点，并指出当前产业集群发展的关键因素是制度创新。许多专家学者都比较重视制度因素在我国产业发展中的作用。徐康宁通过对国内外产业集聚的因素和过程的研究，也指出了制度因素在我国产业集聚过程中的作用。有一些专家重点探讨集群与外部空间的关系，即集群与所在区域的关系，研究集群对所在区域的经济、文化的影响，如王缉慈、周兵、蒲勇健、沈正平等人。除了从宏观上来研究产业集群理论外，许多专家、学者也把研究对象转向了我国集聚区较多的区域，对其进行个案研究，特别是广东、浙江等地的中小企业集聚区，陈建军、陈雪梅、赵珂、张仁汉等从不同的方面探讨了这些集聚区的形成机制。北京地区因占据全国文化中心的优势，在文化产业集聚方面也是典范之

①科斯.论生产的制度结构［M］.盛洪，陈郁，译校.上海：上海三联书店，1994：55.

一，专家、学者在这方面也进行了深入研究。姚青林的《文化创意产业集聚与发展——北京地区研究报告》，从北京文化创意产业地区特征、布局规划、发展现状到影响因素、集聚效应进行了分析，内容全面详尽，指出了当前北京文化创意产业发展的问题，提出了其发展策略。其他的专家学者对于北京地区文化产业集聚问题从不同的角度进行研究：有的专家学者通过北京与世界其他城市或地区的文化创意产业集聚的比较而发现问题，提出策略；有的专注于北京文化创意产业方面的政策与其发展的关系的研究；还有的重在分析北京文化创意产业集聚区的评价指标体系。

从以上综述可以看出，对于产业集群的具体概念开始并没有清晰的界定，但专家、学者从不同的角度探索了集聚的成因。随着产业集群的不断发展，对此研究的不断深入，业界逐渐形成了产业集群的明确概念，并从各个角度对其进行阐述，将其提高到国家战略的高度，可见其在国家、地区经济发展中的重要作用。

第二节　北京古玩交易产业集聚的背景

随着文化产业的不断发展，"集聚"已经成为文化产业发展到一定阶段的重要形式，集聚区也成为文化产业发展的主要载体。集聚区的叫法不一，有称"产业基地"的，如国家新媒体产业基地；有以"产业园区"命名的，如琉璃厂历史文化创意产业园区等；也有的直接称为"产业集聚区"的，如古北口国际旅游休闲谷产业集聚区、宋庄原创艺术与卡通产业集聚等。尽管名称不同，经营类别不同，但它们的概念都是一样的，都是文化创意产业发展的平台，这一平台能将一定范围内的文化资源进行整合，从而吸引文化创意企业在这里集聚。集聚企业反过来进一步优化集聚区功能配置，提高知名度，发挥辐射力，增强集聚功能，形成良性循环，扩大集聚规模。文化创意产业集聚区有强大影响力，易被人们所熟知，成为城市文化发展的名片，发挥着强大的文化力量。当今世界各国，特别是发达国家，都已经认识到文化创意产业以及产业集聚在经济发展中的巨大作用，对其都很重视，各国政府不断制定有利于文化创意产业发展的策略。英国是较早提出"文化创意产业"一词的国家，1998年发布的《英国创意工业路径文件》明确了文化创意产业的概念，并将其提高到国家支柱产业的地位，提出了相应的具体措施。三年后，英国文化创意产业对其经济发展所做出的贡献已经非任何制造业所能比。不仅西方国家认识到文化创意产业的意义，在东方那些经济发达国家不仅认识到了文化创意产业的重要性，而且很快意识到产业集聚的力量，开始重视产业园区的建设，比如韩国自2001年以来，兴建不同领域的文化产业园区数十个。

在经济全球化的局势下，我国在文化创意产业方面亦追随国际发展趋势。作为文化中心的北京，在这方面具有得天独厚的地域和资源优势，加上政府政策的支持，因此发展很快。为推动文化创意产业发展并落实政策，北京市成立了专门的文化创意产业领导小组指导工作，对产业集聚区予以认定，为其发展提供政策扶持。根据《北京市文化创意产业集聚区认定和管理办法》，北京市文化创意产业领导小组分别于2006年、2008年、2010年先后认定了中关村创意产业先导基地、北京潘家园古玩艺术品交易园区、宋庄原创艺术与卡通产业集聚区等30个产业集聚区。北京的这30个产业集聚区中，从业务类别看，除了我们所熟知的文化旅游、休闲娱乐、电影动漫、文化传媒等，文物与艺术品交易也是其中的一大类，在许多地方形成产业集聚区。其中有2个被评定为市级产业集聚区，它们是北京潘家园古玩艺术品交易园区、琉璃厂历史文化创意产业园区。在一般人眼里，艺术品交易与产业经济似乎联系不密切，因为艺术品给人多是精神上的享受，似乎不与物质沾边，但其实不然。文化艺术并不是不食人间烟火的领域，它与产业经济也有很大的联系，这早已被许多专家、学者所认识，并在许多专著中有所体现。《2000 年大趋势》的作者约翰·耐斯比特与帕特里夏·阿伯丁在该书中对 21 世纪的经济发展趋势做了预测，指出并不是只有传统的生产加工行业需要投资，艺术同其他行业一样是需要投入一定的资本的。而且早在 2000 年以前，人们的消费趋向已经开始转向了艺术。"从现在起到 2000 年，人们利用闲暇时间、使用资金的方式，都将发生根本性的、革命性的变化。估计 90 年代主要的休闲活动将从体育转向艺术。从视觉艺术和舞台艺术的急剧增加中已可以看出一个很明显的大趋势。"①书中还列举了一系列专家学者对此的看法，如经济学家又兼攻美术史的莱斯利·辛格指出："如今可说是正处于文艺复兴之中，美术珍品的购买者在人口中所占的比重正在增加。"②他又分别引用了印第安纳州的众议员哈密尔顿以及促进艺术和经济开发委员会的结论："艺术既是文化财产，同时又是经济资源。投资艺术将对一个地方的整体经济产生影响，它有着乘数效应。艺术将使旅游业大受裨益，从而推动工业的发展，提高不动产的价值。"③可见，文化艺术对经济发展具有重要意义，是经济发展中不可或缺的因素。它既是人类文化的结晶、宝贵的文化财富，同时也是可以开发利用的经济资源，对于这一资源的投资可以给人们带来实际的经济利益，也会辐射该地区的其他领域，产生整体效应，影响地区经济发展。著名的经济学教授大卫·索斯比（David Throsby）也持有同样的观点，他认为文化艺术是文化产业中的中心环节，并指出如果用一个同心圆对文化艺术进行多层次的分解，视觉艺术、手工艺等创造性艺术应处于圆心位置，也就是说艺术产业应为文化产业的核心环节。④国家统计局于 2004 年 4 月 1 日

①耐斯比特，阿伯丁.2000 年大趋势［M］.陈鸿斌，译.北京：经济日报出版社，1990：43.
②同①：51.
③同①：57.
④张冬梅.艺术产业化的历程反思与理论诠释［M］.北京：中国社会科学出版社，2008：1.

发布的《文化及相关产业分类》中将文化艺术服务作为文化产业的核心层，这与大卫·索斯比的观点不谋而合。当今古玩艺术品交易产业园区的勃勃生机已经验证了约翰·奈斯比特和帕特里夏·阿伯丁的预言，其集聚程度越来越高的发展趋势以及在产业集聚中发挥的越来越大的作用，是对其与经济发展关系的最好说明。北京潘家园古玩艺术品交易园区、琉璃厂历史文化创意产业园区属于古玩艺术品交易产业集聚区，承担着文化与经济的双重责任，既是重要的历史文化遗产的载体，又是地区经济发展的重要组成部分。

第三节　北京古玩交易产业集聚成因

北京古玩交易产业集聚区的形成与北京的历史文化传统、资源情况、政府政策规划等各方面都有一定的内在相关性。将历史文化元素融入当代产业发展中，充分发挥传统文化资源在文化创意产业中的市场价值，不但能使其成为产业发展的重要力量，还具有促进文化旅游、打造城市坐标的作用。北京潘家园古玩艺术品交易园区与琉璃厂历史文化创意产业园区，由于位于不同城区，有不同的历史文化，因而在各自的形成机制上也有细微差别。北京潘家园古玩艺术品交易园区是因其先天优势在当今市场需求中的重生，而琉璃厂历史文化创意产业园区主要源于其历史文脉在当代产业发展中的延续。

一、先天优势在当代文化产业中重生

文化创意产业集群既具有文化创意产业的特点，又符合产业集群的集聚效应。文化创意产业要发展成为产业集群，就需以一定的地理自然环境为基

础。区位优势是产业园区发展的重要因素，因为文化创意产业的集群要具有一定的主导产业实体、完整的产业链条、众多企业的协同发展，而这些都需要地理空间来容纳。在文化产业集聚发展的研究中，众多经济学家都很重视区域要素，无论是产业区理论、工业区位理论、地域生产综合体理论，都对区域要素青睐有加，认为外部区域优势可以协同创新环境，减少生产成本和交易成本，有利于发展地区经济，进一步扩大集聚规模，促进产业经济的良性循环。文化创意产业的集聚最主要的外在特征是空间的聚合，在这样的地域空间环境中，集聚区内的各个企业可以充分利用较便利的外部资源，降低生产及宣传策划成本，由此产生高效益，吸引更多企业及团体入驻，进一步加大聚合倾向。随着集聚区的集聚程度加大，企业间的竞争也越来越激烈，会促进企业间相互交流学习，激发企业的潜力，使集聚效应越来越明显；就在这样的良性循环中，集聚规模不断扩大，这样就产生了区位诱导型集群。"区位诱导型集群是指创意产业的集聚源于特定的地理区位，或靠近特殊的创意群体，或靠近目标消费群体，或靠近交易市场，这种特定的地理区位促进了创意产业集群的形成和发展。在集群发展初期一般都是由于受到区位优势的驱动自发集聚而成，本质上属于'自下而上'产业集群。但在发展到一定阶段后，政府一般也会主动介入，承当一定的管理与协调的职责，使其发展更加规范和完善。"①

北京潘家园古玩艺术品交易园区就属于区位诱导型集群，是在先天区位优势的基础上，自发积聚而成；发展到一定程度后，朝阳区政府利用文化产业发展的契机，开始对其进行引导，并加以规划管理。北京潘家园古玩艺术品交易园区地处具有丰厚民俗文化与士人文化传统的北京城南。这里是宣南文化的主要载体，富有宣南文化氛围；这里的大栅栏等是有杂技绝活的人的主要集聚地；这里的厂甸庙会是京城主要的民俗活动之一；这里有上至皇族下至平民参与的全国古玩交易行业的集散地——前琉璃厂；这里还是那些

①范桂玉.北京市文化创意产业集群发展机制研究［J］.特区经济，2009（10）：84-86.

文人学士相互唱和、交流诗文的雅居之地。民俗游乐为这里集聚了人气，古玩交易行业推动了这里收藏业的发展，文人雅士为这里增添了文化氛围。再者，这里地域开阔，有发展产业集聚的空间条件；交通方便，有利于来自全国各地的商贩来此经营。这样得天独厚的文化环境及地理空间，为北京潘家园古玩艺术品交易园区的发展提供了区位优势。北京"十一五"规划将文化创意产业提高到发展战略的高度，为古玩交易行业向文化产业集聚区发展提供了机遇。2006 年 12 月，潘家园古玩艺术品交易园区被北京市认定为第一批文化创意产业集聚区之一。该地区以潘家园旧货市场、北京古玩城为中心，形成了古玩艺术品交易的主导产业，并带动关联产业如古典家具、民俗文化娱乐业的发展。潘家园古玩交易市场的发展促进了区域经济发展，带动了周边经济发展，成为朝阳区文化艺术行业的支柱产业。该集聚区是目前全国规模最大、最具影响力的古玩艺术品交易中心，除了拥有潘家园旧货市场、北京古玩城这些知名的核心企业外，还包括以书画为经营重点的北京古玩城书画城、以古典家具为主要项目的兆佳古典家具市场等古玩艺术品交易市场。这些文化产业实体与该地区的文化氛围相结合，形成丰富的文化资源，产生品牌效应，扩大了影响力和知名度，进一步吸引同行业企业落户这里，在当今文化产业的大趋势下不断地发展壮大。

二、历史文脉在城市街区文化中的续延

北京古玩交易产业园区的产业集聚要素除了区位要素，历史文化也是另一个重要的方面，因为古玩艺术品具有文化传承的作用。以北京琉璃厂为核心的琉璃厂历史文化创意产业园区就是历史文脉在城市街区文化中的续延。

以北京琉璃厂为核心的琉璃厂历史文化创意产业园区有悠久的历史传统，宣南文化是其核心内容。宣南这一称呼源自明时，明嘉靖时在行政上将北京南城划为七坊，宣南坊是其中之一。"宣南坊的范围大约在今天的宣武

门外骡马市大街以南，东起潘家河沿，西至教子胡同。"①后来人们习惯将这一带称为宣南。宣南文化与民俗文化、士人文化、宫廷文化等文化相关。首先，民俗文化在琉璃厂的发展上发挥着一定作用。清代的北京沿袭了明代的"赶庙"风气，庙会上"百货云集""图书充栋，宝玩填街"。②每年正月要"逛厂"，即到琉璃厂游逛，并逐渐形成了一个传统。其次，士人文化是琉璃厂最为常见的文化现象。琉璃厂附近居住着很多文人学士，常常一起相互吟诗作对，以文自娱，他们也常到琉璃厂游逛，或购买古籍书刊、文玩杂项等，或与琉璃厂的店铺老板交流等。特别是在《四库全书》编纂期间，全国文化精英参与到编纂工作中，而他们大部分都居住在宣南。孙殿起的《琉璃厂小志》对此做了阐释："当时参与工作者，多系翰詹中人，且多寓居宣南，而琉璃厂地点适中，与文士所居密迩，又小有林泉，可供游赏，故为文人学士所常至。"③ 最后，琉璃厂文化街的古玩交易不仅有平民参与，众多皇族贵戚也不例外。一些王公贵族甚至加入到琉璃厂古玩交易行业中来，但由于朝廷禁止贵族朝臣经商，因此都是他们出资，找古玩商来经营，如：笔彩斋的东家是郑亲王，以经营书画为主；赏奇斋的东家是醇亲王，主要经营珍贵文物、官窑瓷器等。他们一般不出售那些古玩杂项，多经营古玩精品，在这里有一些来自宫廷的珍贵文物会让平民百姓大开眼界。总之，民俗文化为琉璃厂文化街的发展打下了基础，士人文化在琉璃厂的发展中为其打下了鲜明的文化印记，宫廷文化让琉璃厂成为全民参与的重要文化活动场所。

琉璃厂文化街由于其悠久的历史文化、丰富的人文背景而成为北京市的著名文化街区，成为全国乃至世界著名的历史文化旅游区。但如何加强对历史文化街区的保护、赋予历史文化遗迹新风貌，如何将富有文化底蕴的琉璃厂与现代元素相结合，充分在当代艺术品市场大潮中发挥出琉璃厂的文化品

①马建农.琉璃厂［M］.北京：北京出版社，2006：22.

②潘荣陛.帝京岁时纪胜［M］.北京：北京古籍出版社，1981：9.

③孙殿起.琉璃厂小志［M］.北京：北京古籍出版社，1982：4.

质，是一个重要课题。这一课题也引起了政府的高度重视。"2000年初，（北京）市长办公会通过了由宣武区政府主持制定并经专家论证的'琉璃厂文化区总体方案'；2001年，市规划设计院编制了琉璃厂文化区的控制性规划；2002年，宣武区完成了琉璃厂文化区一期工程的规划方案。"[①]北京市还提出"城南行动计划"，以打造历史文化商业区，发展特色产业集聚区。在北京"十一五"规划期间，西城区强化了琉璃厂作为文化创意产业的功能，着力打造琉璃厂文化创意产业园区，使其从传统文化街区向现代文化产业区转变，打造全新的经营业态。这里于2008年4月通过北京市文化产业领导小组认定，成为第二批文化产业集聚区之一。

第四节　北京古玩交易产业集聚现状分析

一、北京古玩交易产业集聚的特点

古玩艺术品交易产业以市场为导向，具有产业化、组织化、规模化等特点，发挥着艺术产品商品化、资本化的重要作用。由于北京古玩艺术品交易产业属于文化艺术产业，古玩艺术品不仅具有物质属性，还具有审美属性，因而与生产和经营物质产品的一般文化产业不同；另外，就北京古玩交易的产业化道路来讲亦有其特殊性。北京古玩交易产业集聚是以众多相关企业为主体的协作链条，这一链条将古玩供给者、销售商、收藏者、鉴定专家等联系起来，通过分工协同合作，使古玩的美学价值转换成商业价值，并通过古玩在市场上的流通，促进了古玩艺术价值的传播，从而实现了文化艺术及社

[①]王乃萍.文化街区的文化品质研究：以琉璃厂为例[J].中外企业家，2011（2）：251-253.

会效益方面的增值。

一般文化产业集聚区有生产、销售等环节，与资金、技术等要素相互联系，借助原料供应、销售程序的有效途径，发挥产业集聚优势。而对于北京古玩艺术品交易产业集聚区来说，其产业形式较为特殊，比如北京潘家园古玩艺术品交易园区，是由众多从事古玩交易经营的主体单位集中起来形成的经营场所，类似集贸市场，但是较普通集贸市场规范有序；而且园区从事与艺术有关的经济活动，不仅仅与人的物质生活相关联，更重要的是为顾客提供的是文化精神食粮，亦是对我们古老文化艺术进行传播。园区的经营者并不参与古玩艺术品的经营销售，只是为商户提供场地服务，通过租赁店铺或摊位来收取租金。真正从事古玩经营的是那些承租者，他们一般都是个体经营，形式有家族企业或公司制。但是经营者的销售状况，也直接影响着园区的发展，只有经营者能在园区营利，才能吸引更多的企业来租赁园区的店铺。园区生产环节并不能为古玩经营者所控制，取而代之的是古玩收购环节。在这一环节里，如何获得收藏者所青睐的古玩珍品，如何鉴定古玩真伪，才是决定销售环节的关键。古玩经营者是这一环节的主体，他们为自己店铺挑选真品、珍品。古玩经营者所经营的古玩的品质是经营者"眼力"的反映，也是对外树立品牌效应的机会。在古玩云集的交易园区，收藏者拥有选择的机会，只有那些拥有诚信的品牌意识的经营者才能从中占有市场份额。销售环节是古玩企业经营的关键。当然古玩不同于一般商品，一般商品被消费后，只能被消费者独享，而古玩被消费后，其艺术价值却可以被继续传播。在古玩的流通、销售过程中，还会引发引信效应，不断创造出新需要，不但可以让衍生品利用低廉的成本占尽商业机遇，也会让交通、餐饮、服务业等产业共荣共生，并且与文化旅游等产业相互交叉，相互支撑，共同发展。

北京古玩交易产业集聚区不仅是古玩艺术品交易的场所，其网状结构也是由若干个不同的行为组织形成的体系。这个体系中，由政府政策的支持、集团公司的运作、古玩店铺的经营、古玩摊贩的经营、鉴定机构的入驻共同组成，在古玩"城"与"城"之间形成一个密切的关系。古玩艺术品在这一体系中流通传播，实现它的交换价值，并带动艺术组织、艺术品交易的发展壮大。正如曼库尔·奥尔森在探讨集团与组织的形成时说道："边界不变的稳定的社会中，随着时间的推移，将会出现越来越多的集团与组织。"①

二、北京古玩交易产业集聚状态

潘家园古玩艺术品交易园区位于朝阳区，琉璃厂历史文化创意产业园区位于西城区，从集聚区的分布状况来看，它们的共同特点就是都分布在北京城南地区，这与它们的文化历史背景以及北京宣南文化密不可分，也符合北京市城区主体功能规划的定位。不过北京潘家园古玩艺术品交易园区与琉璃厂历史文化创意产业园区的集聚空间形态并不相同。

（一）北京潘家园古玩艺术品交易园区

于 2006 年被认定为市级产业集聚区的北京潘家园古玩艺术品交易园区以潘家园为中心，其成员单位呈散点形态分布于潘家园附近，相当数量的从事古玩艺术品经营的国有和民营企业集聚在这里。其中，潘家园旧货市场、北京古玩城是集聚区的领跑者，也是这一集聚区的"元老"。潘家园旧货市场、北京古玩城分别是地摊经营与店铺经营的代表，潘家园旧货市场以大棚、露天地摊为主，兼辅以店铺经营，其地摊经营模式保持着古玩行业早期原始的交易模式，经营品类繁多，其自由的交流氛围、开放的交易环境，以及多样的交易品类，吸引着海内外众多藏家、收藏爱好者以及游客光顾。潘家园旧货市场的地摊文化深受人们喜爱，是交易园区的特色，并逐渐成为地域文化的象征，可以说潘家园旧货市场是北京潘家园古玩艺术品交易园区的核心企业。在集聚区里，北京古玩城是与潘家园旧货市场齐名的古玩交易市

---

① 奥尔森.国家兴衰探源：经济增长、滞胀与社会僵化 [M].吕应中，等译.北京：商务印书馆，1993：45.

场，同为该交易园区的龙头企业，北京古玩城与潘家园旧货市场在经营空间、文化特色方面有很大不同。北京古玩城在建筑上有"城中城"的感觉，"内城"是古玩城的主体建筑，"外城"的"城墙"将内城包围起来，"城墙"内古玩店铺林立，主要经营品类有玉器、瓷器、根雕等。古玩城内除一楼大厅中间是开放式货亭摊位，其他四层均以古玩店铺、文物公司为主要经营方式，并设有玉府金厅、海外回流文物、青铜玉器等专区。北京古玩城与以地摊为主要经营方式的潘家园旧货市场大相径庭，但却相得益彰，成为北京潘家园古玩艺术品交易园区的"双璧"。

北京潘家园古玩艺术品交易园区被认定挂牌后，更发挥出产业集聚的效应，吸引着越来越多的古玩城在这里落户。位于朝阳区潘家园路 26 号的君汇古玩城距潘家园旧货市场仅 200 米，顺应奥运的大潮开业的天雅古玩城位于北京古玩城（A 座）对面，弘钰博古玩城距天雅古玩城仅 20 米。北京潘家园古玩艺术品交易园区的辐射效应向十里河方向延展，十里河也汇集了很多知名古玩城，如佰汇古玩珠宝城、雅园国际、程田古玩城、东方博宝古玩书画城、十里河黄金珠宝古玩城、十里河天娇文化城等。

北京潘家园古玩艺术品交易园区顺应文化创意产业的潮流，发挥产业集聚效应，使古玩城在北京朝阳区潘家园、十里河地区集聚成文化创意产业生态群。"所谓的创意产业生态群，不是众多企业的简单集中，而是以专业化分工与社会化协作为基础，大、中、小不同等级企业并存，不同类型企业共生互补的生态化企业群体，因而类似生物生态系统。"[1]潘家园古玩艺术品交易园区是文化创意产业生态群的典型。在这样一个系统的产业群体中，有以古玩店铺和古玩会所为主的北京古玩城、佰汇古玩珠宝城、天雅古玩城、程田古玩城、弘钰博古玩城等高档的古玩城，有以地摊文化为特色的潘家园旧货市场，有以民俗文化为经营理念的十里河天娇文化城。不同功能定位、经营特色、发展模式的资源的整合，培育了以古玩交易为主导的文化创意产业

①解小娟．北京 CBD 与文化创意产业发展研究［J］．首都经济贸易大学学报，2006（3）．

集聚群。

（二）琉璃厂历史文化创意产业园区

琉璃厂历史文化创意产业园区以北京琉璃厂为中心，呈密集状分布于琉璃厂东西两街，各个古玩店铺相互毗邻。这些产业实体组成了琉璃厂历史文化创意产业园的传统产业区，是琉璃厂历史文化产业集聚区中被人们所熟知的，也是最为成熟的产业区域，以文玩字画、古玩杂项为主营业务。自清代以来有很多传奇的故事发生在这里，是人文荟萃的"京都雅游"之地。众多成长为当代国宝级的鉴定专家早期都在这里锻炼；这里的经营者同时也都是古玩行业的专家、学者；众多历史悠久的古玩老字号分布在这里，如荣宝斋、一得阁、四宝堂、清秘阁、宝古斋、悦古斋等，它们经营品类多样，各有所长，在古玩艺术品交易行业颇具影响力，也是琉璃厂文化街的知名企业。荣宝斋是历史悠久的经营文玩字画的老字号，如今的荣宝斋已经成为名扬海内外的企业了，也是琉璃厂历史文化创意产业园区中传统产业区域的代表。传统产业区、民间工艺产业区、现代设计产业区组成了琉璃厂历史文化创意产业园区的产业区。产业区是园区的主要区域，但不是琉璃厂历史文化创意产业园区的全部。该园区以深厚的历史文化为背景，在当代文化产业大潮中，不仅保留有传统文化街的古玩店铺这些产业实体，还有其他产业空间，诸如拓展区、主题中心区等。拓展区不仅有影视传媒等领域的艺术传媒产业区，还有以文化旅游为依托的历史文化休闲区；主题中心区以文化艺术版权、先锋艺术交流为主题。

琉璃厂历史文化创意产业园区根植于历史文化，因此文化遗产在这一园区发挥着重要作用，这是不同于潘家园古玩艺术品交易园区的一个重要特点。特别是那些非物质文化遗产也成了园区的重要项目，如北京厂甸庙会。北京庙会这一民俗由来已久，自辽时就有了集体春游等民间民俗活动，是庙会的雏形。到明清时庙会逐渐兴盛起来，特别是到了清代，庙市多了起来。这些庙市中，有定期开放的，如隆福寺、花市等地的庙市；有的庙市时间并不固定，只是在遇到重大节日、宗教活动时才临时开放。时间较为固定的庙市，会逐渐演变成商业集市。有些庙会在开市期间，举办有各种文化活动，熙熙攘攘的人流吸引众多商户售卖各种商品，如雍和宫、卧佛寺、黄寺、大钟寺等。厂甸就属于这一类庙市，活动期间，商户云集，搭棚设摊，商品丰富，有古董玩器、工艺品、文玩字画、玩具、日用百货等。震钧《天咫偶闻》记载："自国初罢灯市，而岁朝之游，改集于厂甸，其地在琉璃厂之中，窑厂大门外。百货竞陈，香车栉比。"①至民国初年，厂甸庙市发展至鼎盛时期，民国后逐渐衰落，新中国成立后再次开放，但于1964年后再次停办，直到2001年恢复。尽管这里的厂甸庙会在内容形式上已与清代、民国时期明显不同，但已经成为北京民俗活动的重要内容，也随着时代的发展成为琉璃厂历史文化创意产业园区的一部分。

琉璃厂历史文化创意产业园区汇集有艺术传媒、古玩艺术品交易、艺术品拍卖等企业。除了这些传统产业，传统手工艺制造业、城市文化旅游业等产业也以琉璃厂的文化资源为依托，结合当代文化产业的发展趋势而兴盛起来。琉璃厂历史文化创意产业园区不仅有众多知名文化产业实体，也有与其文化相关的非物质文化遗产如厂甸庙会等民俗活动，与古玩艺术品交易产业相互支撑、互为补充，共同打造了琉璃厂历史文化创意产业园区的核心企业以及外围空间。

三、北京古玩艺术品交易产业园区运行模式

北京潘家园古玩艺术品交易园区和琉璃厂历史文化创意产业园区在形成机制上有不同。北京潘家园古玩艺术品交易园区是依靠区域内优势资源、先天市场等因素驱动，"自下而上"发展起来的；琉璃厂历史文化创意产业园区的发展是依托既有的历史文化资源，在政府的统一规划下，实施引导、培育和文化资源整合开发，赋予历史文化街区新的内涵，以发展文化产品与服

---

①震钧.天咫偶闻［M］.北京：北京古籍出版社，1982：170.

务业，打造新的产业链，促使产业集聚区的形成。

因这两者在文化创意产业集聚区形成模式上略有差异，所以在管理运行模式上也有不同。自发形成的北京潘家园古玩艺术品交易园区主要以企业为主体，政府只是顺应当代古玩艺术品行业大趋势，在产业发展规划中予以引导或给予建议，不直接参与集聚区的管理规划，园区的管理由潘家园国际民间文化发展中心负责。园区为企业提供文化资源、知名度、影响力这些软环境，集聚企业呈散点的方式集聚在核心企业的周围，通过园区提供的平台，园区内的古玩交易市场自行办理文化宣传、摊位租赁等业务。

琉璃厂历史文化创意产业园区以政府引导为主，这与琉璃厂的历史文化资源、园区的特点以及北京市城区功能规划有关。琉璃厂具有深厚的历史文化，对琉璃厂有重要影响的宣南文化一直被很多专家所研究，在当代成为一个重要课题。而琉璃厂曾是宣南文化的重要载体，也是宣南文化的重要见证。宣南文化是北京文化建设的重要课题，需要与市政府的精神文化建设目标相一致。而且琉璃厂文化街的规划建设关乎北京西城区的功能规划，不是依靠某一个企业的力量就能完成，比如为琉璃厂文化街恢复原貌就需要集中很多部门的力量。因此在琉璃厂的建设规划中，政府起到了很大的主导作用。琉璃厂历史文化创意产业园区以琉璃厂文化街为中心，除了规划有传统产业区，还有众多以艺术传媒、文化娱乐为经营业务的拓展区，以文化艺术的交流展示为目的的主题区。琉璃厂历史文化创意产业园区的文化背景、集聚机制、集聚形态与潘家园古玩艺术品交易园区不同，这就决定了琉璃厂历史文化创意产业园区的发展模式，不同于潘家园古玩艺术品交易园区"自下而上"的企业为主体的自我管理模式，而是以政府为主导的产业发展模式。琉璃厂历史文化创意产业园区依托琉璃厂丰富的文化历史，在政府宏观政策的指导下，融入现代城市建设理念，以文化消费为基础服务目标，通过营造设计消费性空间，使价值不断衍生。琉璃厂历史文化创意产业园区的产业集聚效应越来越明显，产业链进一步完善，不断向产业化和规模化方向发展。

第五节　北京古玩交易产业集聚区发展策略

北京古玩艺术品产业集聚是文化产业发展的趋势之一。产业集聚区是产业集聚的重要表现形式，它不但让企业在地理空间上不断聚合，降低管理成本、宣传费用，而且促使企业加强协作关系，通过内部的传导机制和学习效应，提高创新能力，进而形成巨大的品牌效应。产业集聚区的发展不是一蹴而就的，而是从低级到高级的发展过程：从空间上的简单集聚，到产生具有创新能力的创意产业链，再形成具有竞争优势的产业集聚区。而在这一过程中，政府、企业、艺术机构、鉴定组织、古玩业商会等机构除了发挥着各自的作用外，也要建立相互协调的关系，为产业集聚的健康发展提供动力。

一、挖掘本土特色文化资源

文化创意产业集聚区具有明显的地域特征。要发挥集聚区的辐射效应，带动一系列相关产业群的发展，就要充分挖掘城市本土文化资源，发挥区位优势，各国成功的文化创意产业如美国的电影业、日本的动漫业、英国的音乐业等都是典型的例子。因此，深入挖掘本土文化特色资源，增强本土文化认同感，对于社会的稳定和经济发展尤为重要。对于北京古玩交易产业来讲，无论是北京潘家园古玩艺术品交易园区还是琉璃厂文化创意产业园区，它们都是建立在北京这样的地方魅力、地方活力的基础上的。产业集聚区的发展要深挖全国的政治文化中心——北京的优势资源，借助北京"发展文化创意产业、打造创意之都"发展战略的契机，挖掘潘家园悠久的"地摊"特色及琉璃厂人文资源，发展北京古玩交易产业集聚区的中国特色，使其更具核心竞争力，充分发挥辐射效应，带动一系列相关产业群的发展，增加产业集聚的聚合程度，实现产业集聚区的良性循环。

二、拓宽资金来源渠道

强有力的资金支持是文化创意产业发展的重要保障。美、英等国在文化产业融资渠道上都有多种投资机制，渠道多，门类广：有来自公共渠道的艺术基金、文化产业特殊基金等，这些基金项目适用于所有致力发展文化创意产业的企业；也有为那些融资难的小企业准备的早期成长风险基金；美、英等国也鼓励境外资金流入文化创意产业。在我国，由于古玩交易行业涉及文物交易，《北京市文化创意产业投资指导目录》明确规定，限制外资和非公有资本投资文物及文化保护行业，因此北京古玩艺术品交易产业的发展资金主要源于国家财政，而过于单一的资金来源渠道会限制行业的长远发展。要健全投融资体系，促进北京古玩艺术品交易产业的发展，需要政府及多方的共同努力。首先，政府要健全资金支持机制，提高其在古玩艺术品交易产业中的预算。当然在政府加大资金投入的同时，要加强监管体系的建设，确保资金使用效率，才能使资金发挥最大效益。其次，金融资本要进一步支持北京古玩艺术品行业的发展，积极建立银行与文化创意产业的战略合作伙伴关系。此前，银行在这方面已经做出了尝试，"北京银行自 2010 年以来，给以动漫网游、文艺演出、古玩与艺术品交易为代表的文化创意企业提供 100 亿元人民币专项授信额度，并优先对市文化局推荐的优秀文化创意企业和重点项目提供融资支持和绿色通道"。①这都是北京的金融机构介入古玩艺术品行业的积极做法，但是远远不能满足当前北京市古玩艺术品交易产业的发展。因此要进一步增加参与合作的金融机构，扩大专项授信额度。

①李文蕊. 破解融资难：北京文化创意产业获专项授信 [N]. 科技日报，2010-02-01（012）.

三、加强北京古玩交易产业人才培养

北京潘家园古玩艺术品交易产业园区与琉璃厂历史文化创意产业园区在硬件设施上已颇具规模，但缺少各种创意策划人才、服务人才、管理人才和市场营销人才等，特别是高端人才和复合型人才严重匮乏，如古玩鉴定专家和产业园区高层管理人才。虽然一些学校也开设了相应的课程，比如中央美院、中国美院、南京艺术学院、首都师范大学等，但所培养的人才仍然无法满足当前古玩艺术品交易产业发展的需要；因此，当前要多渠道、多层次地培养创意产业人才。首先，通过高等学校教育为北京古玩艺术品交易产业园区输送专业人才。规范、高效的学校教育是为产业园区输送人才的传统方式及必经途径，是创意产业人才发展的基本保障。其次，学校可与古玩经营企业联合培养人才。古玩艺术品交易行业不同于一般商业，古玩不同于一般商品，因此在创意产业链设计及管理经营上需要专门的、有针对性的学校教育来为其输送人才，为产业园区提供持续发展的动力。最后，要构建古玩艺术品交易行业产业人才培养体系，促成古玩交易产业、学校、研究机构等的合作，建立专业人才数据库，以及时满足该行业的人才需要。

四、充分发挥全国工商联民间文物艺术品商会的作用

行业协会虽然不是执法部门，但是在发展文化创意产业过程中发挥着重要的作用。韩国的影像协会、光盘协会等，都在各自的领域里为文化创意产业出谋划策，提高了其核心竞争力。意大利政府还通过各部门领导下的行业专业咨询委员会，提出文化创意产业财政拨款的咨询意见。因此，在充分发挥政府职能的同时，还要高度重视文化行业协会的作用。北京古玩艺术品交易行业也要充分发挥全国工商联民间文物艺术品商会的作用，借鉴国外行业协会的成功经验，改革行业协会的体制，对古玩经营进行分类管理，优化人力物力资源，有效实现人力物力资源的配置，为消费者及古玩爱好者提供及

时的古玩鉴定和咨询服务，杜绝赝品，规范市场秩序。同时，还应积极开展国内外的交流、展销、研讨等活动，服务广大会员，提高古玩艺术爱好者及收藏者的鉴赏力，提升中国古玩交易行业的整体水平，为北京古玩艺术品交易产业链的健康发展奠定基础。

第五章

北京古玩交易市场
经营商户行业信心调查

北京古玩交易市场凭借文化、政治及历史方面的优势资源，在全国古玩交易市场中占有重要地位，它的发展状况关系着全国整个古玩交易市场的发展，牵动着艺术品行业的发展脉搏。经营商户作为北京古玩交易市场的主体，他们对于交易市场的外部环境、内部条件以及未来的发展状况的看法影响着古玩交易市场的发展前景，他们对于古玩行业的信心是影响北京古玩交易市场发展的主要因素，因此对于经营商户的行业信心调查是古玩交易市场的重要课题。

本次研究以北京古玩交易市场的商户为调查对象，重点从政府政策、古玩交易市场的内部因素、经营企业的经营管理、消费者因素以及商户的个人性格等几个方面来探讨商户行业信心的影响因素。通过对于商户的个人情况的分类调查，可以了解当前商户的基本信息，并通过分析发现不同商户对于未来行业趋势的不同看法。通过对于信心的影响因素的分类分析，可以了解商户的行业信心是受哪些因素影响的，为当前北京古玩交易市场的发展提供策略依据。

第一节　调查方案

一、调查研究的思路及过程

调查过程中作者走访了北京古玩交易市场各大古玩城、旧货市场等交易市场的诸多经营店铺、摊位、文物公司的商户，了解了影响他们行业信心的因素，发现影响因素很多。作者结合北京古玩交易市场的实际情况，确定从以下几个方面来分析：政府政策、古玩交易市场、商户的管理经营、消费者因素等。以此确定了调查问卷的大致方向以及题目设计范围。

本调查的研究过程具体分三部分。第一部分为问卷设计。本次调研的主题是了解北京古玩交易市场商户行业信心状况。在此基础上进行调查问卷的设计、修改，直到完稿。第二部分是问卷调研。首先通过发放、回收问卷获得初步数据，然后对数据进行有效性分析，对有效数据进行数据编码录入。第三部分是对问卷获取的数据进行描述性和推断性的统计分析。

二、问卷设计和抽样原则

（一）问卷的结构

围绕政府政策、古玩交易市场因素、客户因素、商户的管理经营水平、商户性格五个变量，在前期调研和访谈的基础上进行调查问卷的设计，并通过座谈对问卷问题进行调整，最终确定下来合适的问卷（见附录）。调查问卷分为两大部分：第一部分为北京古玩交易市场商户行业信心及影响因素的调查，共计22个题目。采用李克特五级量表形式，用"非常不符合""比较不符合""一般""比较符合""非常符合"作为备选答案，以便于使用 SPASS 软件来进行统计分析。第二部分为调查者基本信息，共计10个题目。

调查问卷主要分以下几个部分：

第一部分为标题；

第二部分为导引，通过简单的介绍以明确调研的目的、意义，同时对于调查问卷的问题指代事项予以说明，以便于被调查者能准确、有效地回答问题，提高问卷调查的效率；

第三部分是问卷的主体部分，在这一部分里，设计了5个变量、22个问题，针对调查目标来进行相关调查；

第四部分是受访者的基本信息部分，在这一部分里，可了解商户的基本信息，也可以进一步将影响因素与性别、年龄、教育程度、经营时间、经营方式、经营品类以及经营状况等情况联系起来研究。

（二）样本量的确定

本问卷调查的对象是北京古玩交易市场的商户。商户是古玩交易市场的固定人群，他们分布于各个古玩交易市场。这一群体对于古玩交易市场的未来发展极其关注，对于市场的经营环境最为了解，而且对于这一行业的信息最为敏感。因此，对这一群体进行抽样调查可以得出具有参考价值的调查报告。调查地点就在北京各大古玩交易市场。

本研究是对北京古玩交易市场商户的行业信心调查，调查对象总体即为市场的所有商户，根据北京各大古玩城、旧货市场、文化市场等交易场所的总体经营规模、客流量以及业内的影响力等因素，本调研设计了相应的抽样原则。样本量的确定主要依据公式：

$$n = Z^2 \sigma^2 / d^2 \qquad (5.1)$$

在这个公式中，n 代表样本量，Z 是置信区间的统计量，σ 为标准差，d 为抽样误差范围。本次研究的北京古玩交易市场的商户行业信心调查的置信度为90%，抽样误差范围为5%，查表得 $Z=1.64$，$d=5\%$，抽样误差范围 σ 一般为0.5，将以上数值代入公式（5.1），可得到本次调查研究所需最小样本容量为269。

第二节　被调查者的基本情况分析

一、样本与方法

本研究的样本来自北京古玩交易市场的商户，包括各大古玩城、旧货市场、文化市场、文化街等古玩交易市场的古玩经营者。本次调查发放问卷 320 份，收回 300 份，有效问卷 280 份，符合最小样本量容量为 269 的要求。有效问卷占总问卷的 87.5%，达到了预定的目标，符合问卷调查的回收原则。

本研究运用的测量工具是调查问卷，基本个人信息包括性别、年龄等人口学特征的一般情况，同时为帮助调查者更好地了解不同人群对当前行业信心的态度，还设计了其他关于商户的经营状况等问题。调查问卷主体部分是根据李克特五级量表编制的，形成了北京古玩交易市场商户行业信心分析体系。体系由五个变量组成，它们是：政府政策、古玩交易市场内外部因素、个人的性格特点、商户经营管理水平、客户因素。每个变量又包括几个相关问题。

二、被调查者的基本情况分析

（一）年龄

有效被访者共计 280 人，他们的年龄大多集中在 20 岁至 60 岁，其中 25 周岁以下的有 32 人，占总人数的 11.4%；26 周岁至 40 周岁的有 101 人，占总人数的 36.1%；41 周岁至 55 周岁的有 111 人，占总人数的 39.6%；55 周岁以上的有 36 人，占总人数的 12.9%。

（二）性别

被访者中，男性共 202 人，占总人数的 72.1%；女性共 78 人，占总人数的 27.9%。

（三）被调查者所在的古玩交易市场的分布情况

调查对象分布于北京各大古玩交易市场，潘家园旧货市场的共计 71 人，占总数的 25.4%；北京古玩城的共计 49 人，占总数的 17.5%；佰汇古玩珠宝城的共计 72 人，占总数的 25.7%；博宝艺苑古玩工艺品市场的共计 38 人，占总数的 13.6%；琉璃厂文化街的共计 50 人，占总数的 17.9%。

（四）受教育程度

被调查者的受教育程度多集中在大专或高中，高中及以下的有 198 人，占总数的 70.7%；大专的共计 69 人，占总数的 24.6%；本科及以上的共计 13 人，仅占总数的 4.6%。

（五）婚姻状况

被调查者中，已婚人数相对要比未婚人数高出很多，已婚有 240 人，未婚仅有 40 人。

（六）在北京古玩交易市场从事经营的时间

商户在北京古玩交易市场经营的时间不等，但多为三至十年。经营时间长达六至十年的共计 116 家，占 41.4%；经营三至五年的共计 94 家，占总数的 33.6%。

（七）商户经营企业的性质

关于企业的经营性质，在分类中设有国有、个体、民营、合资等方式，但这次调查对象集中于个体或民营之中，其中属于个体经营的占大多数，共计 193 家，占总数的 68.9%，其他的皆为民营企业。

（八）商户的经营方式

经营空间有店铺、地摊、文物公司、会所模式等，主要以店铺为主，地摊为辅，近年来又兴起了会所模式，所以这次调查中为了全面调查北京古玩交易市场的商户行业信心，也囊括了会所模式的经营方式。调查中的店铺有 216 家，占总数的 77.1%；地摊 57 家，占总数的 20.4%；文物公司 5 家；会所模式 2 家。

（九）商户的经营门类

商户的经营门类繁多，如珠宝玉石、瓷器、古典家具、书画、文革遗物、民族宗教用品等。其中，经营珠宝玉石的占总数的 24.6%；其次是瓷器，占总数的 17.1%；古玩杂项位居第三，占总数的 18.6%；书画紧随其后，占总数的 11.4%。还有铜器、民族宗教用品、古典家具、根雕奇石等都在调查的范围内。

（十）经营状况

本次调查结果显示，46.4% 的被调查者认为企业经营良好，16.8% 的被调查者认为企业经营状况很好，仅有 3.6% 的被调查者认为企业经营状况很不好。

为了更加真实地反映北京古玩交易市场的商户行业信心，这次调查考虑到了交易市场的各个方面的情况。被调查的古玩交易市场中有文化街区，有旧货市场，有古玩城。被调查的古玩交易市场中有以地摊为主的潘家园旧货市场，也有以店铺为主的北京古玩城、佰汇古玩珠宝城、博宝艺苑古玩工艺品市场、琉璃厂文化街。在地理空间上也涵盖了北京的各大城区，并结合各个城区的古玩交易市场的集聚情况，选择了古玩交易市场最为集中的朝阳区的三个古玩交易市场——潘家园旧货市场、北京古玩城、佰汇古玩珠宝城，以及石景山区的博宝艺苑古玩工艺品市场、西城区的琉璃厂文化街。被调查者的基本信息情况不仅包括基本的人口特征的年龄、性别、受教育程度等，还包括经营企业的经营方式、经营时间、经营状况等情况。这可以充分地将其与行业信心加以对比分析，以便于解析影响商户行业信心的因素及真正原因。

第三节　行业信心状况分析

一、总体行业信心状况

这次调查的结果显示，北京古玩交易市场商户的行业信心总体还是比较乐观的。调查通过五级量表的形式来设置选项，设有"非常不符合""比较不符合""一般""比较符合""非常符合"五个选项，分别对应1、2、3、4、5的分值，以此可以通过调查问卷总结出北京古玩交易市场的总体行业信心。其中，选择4分值的人数最多，总计123人占总数的43.9%；选择3分值的人数位居第二，总计64人，占总数的22.9%；选择5分值的有54人，占总数的19.3%。选择3分值及以上的占总数的86.1%，分值均值为3.65，可见多数人对于该行业很有信心。

二、商户行业信心的差异化分析

本次调查以北京几个主要的古玩交易市场为例，调查了经营商户的基本信息，包括主要的人口特征方面的情况。那么商户的行业信心会不会因所在古玩交易市场不同而产生极大的差异呢？不同的人群，比如年龄、性别、受教育程度不同会不会对此有不同的看法？经营企业的企业性质、经营时间、经营品类以及经营状况是否会对商户的行业信心产生影响？这是值得进一步思考的问题。

（一）商户行业信心在不同古玩交易市场的差异化分析

从总体的行业信心来看还是很乐观的，那么各个古玩交易市场商户的行业信心有没有差异呢？他们的信心状况是否与总体状况相一致呢？这是值得探讨的问题，所以要从各个古玩交易市场的行业信心以及与行业信心之间的关系来入手进行分析。具体数据见表5-1、表5-2。

表5-1　古玩交易市场主体间因子

值标签	N
潘家园旧货市场	71
北京古玩城	49
佰汇古玩珠宝城	72
博古艺苑古玩工艺品市场	38
琉璃厂文化街	50

表 5-2　主体间效应的检验

因变量：行业信心

源	III 型平方和	df	均方	F	Sig.
校正模型	8.623ᵃ	4	2.156	2.077	0.084
截距	3 504.322	1	3 504.322	3 376.933	0.000
古玩交易市场名称	8.623	4	2.156	2.077	0.084
误差	285.374	275	1.038		
总计	4 017.000	280			
校正的总计	293.996	279			

a. R 方 =0.029（调整 R 方 =0.015）。

从表 5-2 可以看出，测出的统计量 F 的观测值是 2.077，检验的 P 值为 0.084，大于 0.05，接受原假设，可以认为不同古玩交易市场的商户在行业信心方面并没有显著性差异。就是说古玩交易市场的规模、地理位置、交易空间等因素，并没有对商户的行业信心产生影响，并不影响调查结果。无论商户是集聚于文化产业兴盛的朝阳区的潘家园旧货市场、北京古玩城、佰汇古玩珠宝城，还是其他城区如博古艺苑古玩工艺品市场等；无论商户是在具有历史渊源的琉璃厂文化街、潘家园旧货市场，还是新兴的佰汇古玩珠宝城等，并不会因为所处古玩交易市场不同而使调查的结果产生显著差异。因为北京古玩交易市场商户行业信心是对于整个行业的未来发展情况的预测，即使各个古玩交易市场的情况不同，也不会影响整体的行业信心。这也证明了选取北京古玩交易市场的部分交易市场作为样本来预测商户的行业信心是一个可行的方案。

（二）商户行业信心在不同性别人群的差异化

商户行业信心在不同性别人群是否具有显著性差异呢？可以通过独立样本检验来分析，具体的数据如表 5-3。

表 5-3　行业信心与不同性别人群之间的独立样本检验

	方差方程的 Levene 检验		均值方程的 t 检验						
	F	Sig.	t	df	Sig.（双侧）	均值差值	标准误差值	差分的95%置信区间	
								下限	上限
假设方差相等	0.372	0.542	0.314	278.000	0.754	0.043	0.137	−0.227	0.313
假设方差不相等			0.325	150.561	0.746	0.043	0.132	−0.218	0.305

通过表 5-3 可以看出方差方程的 Levene 检验的 F 值为 0.372，单边 P 值（Sig.）为 0.542，大于临界值 0.05，所以接受方差相等的假设。因此从方差相等的假设来看 P 值［Sig.（双侧）］为 0.754，接受原假设，说明商户行业信心与不同性别人群之间无显著差异。

（三）商户行业信心在不同年龄人群的差异化

通过表 5-4、表 5-5 可以看出，被调查商户的年龄集中在 26 周岁到 55 周岁之间，共计 212 人。25 周岁以下、55 周岁以上的分别有 32 人、36 人。通过主体间效应的检验，测出的统计量 F 的观测值是 0.449，检验的概率 P 值为 0.718，大于 0.05，所以接受原假设，也就是说不同年龄的商户在行业信心上并没有存在显著性差异。

表 5-4　年龄主体间因子

值标签	N
25 周岁以下	32
26~40 周岁	101
41~55 周岁	111
55 周岁以上	36

表 5-5　年龄主体间效应的检验

因变量：行业信心

源	III 型平方和	df	均方	F	Sig.
校正模型	1.427[a]	3	0.476	0.449	0.718
截距	2 708.424	1	2 708.424	2 555.031	0.000
年龄	1.427	3	0.476	0.449	0.718
误差	292.570	276	1.060		
总计	4 017.000	280			
校正的总计	293.996	279			

a. R 方 =0.005（调整 R 方 =-0.006）。

（四）行业信心在不同受教育程度的商户中的差异化

这次调查商户的受教育程度分为四个层次：高中及以下、大专、本科、研究生及以上。在所有被调查对象中，受教育程度为高中及以下所占的比重很高，有 198 人；大专及以上的共计 82 人；大专为主要的群体，共计 69 人；而研究生及以上的仅 1 人。那么他们对于行业信心是否有显著差异呢？

通过表 5-6、表 5-7 可以看出这次调查的商户的总体教育程度的分布情况，从表 5-7 中可以看出 F 值为 2.498，P 为 0.06，大于临界值 0.05，接受原假设，也就是说北京古玩交易市场商户对该行业的信心在不同受教育程度的商户之间没有显著差异。

表 5-6　受教育程度年龄主体间因子

值标签	N
高中及以下	198
大专	69
本科	12
研究生及以上	1

表 5-7 受教育程度主体间效应的检验

因变量：行业信心

源	III 型平方和	df	均方	F	Sig.
校正模型	7.773ª	3	2.591	2.498	0.060
截距	125.847	1	125.847	121.352	0.000
教育程度	7.773	3	2.591	2.498	0.060
误差	286.224	276	1.037		
总计	4 017.000	280			
校正的总计	293.996	279			

a. R 方 =0.026（调整 R 方 =−0.016）。

（五）行业信心在不同婚姻状况商户中的差异化

通过表 5-8 可以看出，方差方程的 Levene 检验的 F 值为 0.918，单边 P 值（Sig.）为 0.339，大于临界值 0.05，所以接受方差相等的假设。因此从方差相等的假设来看 P 值［Sig.（双侧）］为 0.101，因此接受原假设，说明不同婚姻状况的商户的行业信心之间无显著差异。

表 5-8 行业信心与不同婚姻状况人群之间的独立样本检验

	方差方程的 Levene 检验		均值方程的 t 检验						
	F	Sig.	t	df	Sig.（双侧）	均值差值	标准误差值	差分的 95% 置信区间 下限	差分的 95% 置信区间 上限
假设方差相等	0.918	0.339	1.645	278	0.101	0.288	0.175	−0.057	0.632
假设方差不相等			1.515	49.873	0.136	0.288	0.190	−0.094	0.669

（六）行业信心在不同经营时间的商户中的差异化

从表 5-9 中可以看出被调查对象的企业经营时间的分布状况，从表 5-10

中可以看出测出的 F 值为 19.576，而 P 值（Sig.）为 0，小于 0.05，拒绝原假设，说明商户的经营时间与古玩交易市场的商户对该行业的信心有显著差异，也就是说经营时间会影响商户对古玩交易行业的信心。这也在一定程度上符合古玩交易市场的实际情况。古玩不同于普通商品，普通商品易辨别、好区分、价格容易确定，经营者不需要太长时间的专业训练就可以掌握其价格因素、销售技巧、客户偏好等，而古玩却具有普通商品所不具有的特殊性，其品类繁多，要想掌握其各个类别，将花费很长的时间和很多的精力；况且古玩价值判断难度大，不具有很高的"眼力"以及一定的专业知识的人员是很难正确区分仿品和真品的。要让自己能在古玩交易行业立足，对于自己经营的古玩品类具有最基本的鉴定知识是关键，而这些鉴定知识并不是一朝一夕就能完全掌握的，也不是仅凭借理论就可以掌握的，需要长期的实践

表 5-9　经营时间主体间因子

值标签	N
1~2 年	19
3~5 年	94
6~10 年	116
10 年以上	51

表 5-10　经营时间主体间效应的检验

因变量：行业信心

源	III 型平方和	df	均方	F	Sig.
校正模型	51.582[a]	3	17.194	19.576	0.000
截距	2 155.276	1	2 155.276	2 453.882	0.000
经营时间	51.582	3	17.194	19.576	0.000
误差	242.414	276	0.878		
总计	4 017.000	280			
校正的总计	293.996	279			

a. R 方 =0.175（调整 R 方 =0.166）。

积累，在市场中不断地接触所经营的古玩品类。时间越长，对于在古玩行业的经营就越能驾轻就熟，对于行业的信心就越大。

另外，古玩是历史遗留之物，界定的角度不同，其历史价值、艺术水平会产生很大差异。即使是鉴定专家，不同的看法也会让古玩的价格有天壤之别。而且购买者是出于多种原因来到市场进行交易，其中有很多感情因素，并不仅限于投资式消费，在价格行情上不似普通商品受价格规律的约束。因此，要掌握好古玩的价格行情需要一定的市场实践来积累一定的经验。古玩交易市场不同于普通商品交易市场的另一个重要原因是古玩交易的"潜规则"，即"不找后账"。这是长期以来这一行业交易各方所自觉遵循的行业规范，因此具有对古玩的判断力是从事古玩经营的基础。综上所述，经营古玩这样的特殊商品，是需要一定时间的历练的，而且在这一行业经营的时间越长，对行情掌握的情况就越多。接触的古玩越多，鉴定真伪、价格判断等方面的能力就越强，经营中的问题就逐渐不再是障碍，对于该行业就会越来越有信心。而且经营时间越长，经营古玩的管理经验就会越丰富，也会逐渐具有稳定的客户群。如果具有良好的诚信品质，甚至能很好地树立在该行业的口碑，在该行业的经营管理就能越来越驾轻就熟，行业信心也会增加。

（七）行业信心在不同企业性质之间的差异化

在这次调查表中，经营企业的性质设立了三个选项：国有、个体、民营。在实际调查中，个体商户与民营企业占据了主角，这也反映了古玩交易市场的实际情况。尽管像北京古玩城、潘家园旧货市场等交易市场都属于国有企业的子公司，但租赁的经营者多以个体与民营为主，通过表5–11可以看出这一点。从表5–12中可以看出预测的 P 值（Sig.）为0.595，大于临界值0.05，接受原假设，也就是说北京古玩交易市场商户对该行业的信心在不同经营性质的商户之间没有显著性差异。

表 5-11　企业性质主体间因子

值标签	N
个体	193
民营	87

表 5-12　企业性质主体间效应的检验

因变量：行业信心

源	III 型平方和	df	均方	F	Sig.
校正模型	0.300[a]	1	0.300	0.284	0.595
截距	3 166.071	1	3 166.071	2 996.859	0.000
企业性质	0.300	1	0.300	0.284	0.595
误差	293.697	278	1.056		
总计	4 017.000	280			
校正的总计	293.996	279			

a. R 方 =0.001（调整 R 方 =-0.003）。

（八）行业信心在不同经营方式的商户中的差异化

从表 5-13 中可以看出，北京古玩交易市场商户的经营方式多样，有店铺、地摊、文物公司、会所模式等。在这次调查中涵盖了各种经营方式，多以店铺为主，共计 216 家。因为在调查的五个古玩交易市场中，除了潘家园旧货市场中露天或大棚中的地摊商户，以及佰汇古玩珠宝城的室内地摊商户外，多以店铺为主。为了更全面地调查古玩交易市场商户的行业信心，会所模式以及文物公司也被囊括到了这次调查中。当然其在整个调查中占的比例较少，因为在这次所调查的古玩交易市场中，有的交易市场并没有会所。当然，这一点并不影响古玩交易市场商户行业信心的调查结果。从表 5-14 中可以看出预测的 F 值为 0.941，P 值（Sig.）为 0.421，大于临界值 0.05，所以接受原假设，北京古玩城商户中，无论以哪一种方式经营，对该行业的信心并没有显著性差异。

表5-13　经营方式主体间因子

值标签	N
店铺	216
地摊	57
文物公司	5
会所模式	2

表5-14　经营方式主体间效应的检验

因变量：行业信心

源	III 型平方和	df	均方	F	Sig.
校正模型	2.977[a]	3	0.992	0.941	0.421
截距	254.730	1	254.730	241.584	0.000
经营方式	2.977	3	0.992	0.941	0.421
误差	291.019	276	1.054		
总计	4 017.000	280			
校正的总计	293.996	279			

a. R 方 =0.010（调整 R 方 =-0.001）。

（九）行业信心在经营不同品类的商户中的差异化

从表5-15中可以看出，这次调查的北京古玩交易市场中商户的经营品类涵盖范围广，以珠宝玉石、瓷器书画、古玩杂项为主，也不乏古籍碑帖、邮票古币等。那么商户的经营品类与行业信心有没有关联呢？从表5-16中可以看出测到的 P 值（Sig.）为 0.736，大于临界值 0.05，接受原假设，说明经营品类与行业信心之间没有显著性差异。也就是说，行业信心与商户的经营品类不相关，无论经营什么品类，经营者的行业信心并不受其影响。

（十）行业信心在不同经营状况的商户中的差异化

从表5-17中可以看出被调查对象的经营状况，从表5-18中可以看出 F 的值为83.773，P 值（Sig.）为0，拒绝原假设，说明行业信心与经营状况有

表 5-15　经营品类主体间因子

值标签	N
珠宝玉石	69
瓷器	48
古典家具	9
书画	32
文革遗物	4
民族宗教用品	14
古籍碑帖	1
铜器	18
根雕奇石	5
文玩清供	24
邮票古币	4
古玩杂项	52

表 5-16　经营品类主体间效应的检验

因变量：行业信心

源	III 型平方和	df	均方	F	Sig.
校正模型	8.242[a]	11	0.749	0.703	0.736
截距	893.845	1	893.845	838.310	0.000
经营品类	8.242	11	0.749	0.703	0.736
误差	285.754	268	1.066		
总计	4 017.000	280			
校正的总计	293.996	279			

a. R 方 =0.549（调整 R 方 =0.543）。

显著性差异，也就是说对于不同经营状况的商户，其行业信心也有很大的差异。经营状况关系着古玩交易行业的行业信心。对于企业来说，经营状况越好的企业对于未来的行业趋势就越有把握，对于该行业就越有信心。在古玩交易行业也不例外，经营状况往往与对未来的行业信心有极大联系，它影响

表 5-17　　经营状况主体间因子

值标签	N
很不好	10
不很好	36
一般	57
良好	130
很好	47

表 5-18　　经营状况主体间效应的检验

因变量：行业信心

源	III 型平方和	df	均方	F	Sig.
校正模型	161.477[a]	4	40.369	83.773	0.000
截距	1 635.584	1	1 635.584	3 394.114	0.000
经营品类	161.477	4	40.369	83.773	0.000
误差	132.519	275	0.482		
总计	4 017.000	280			
校正的总计	293.996	279			

a. R 方 =0.549（调整 R 方 =0.543）。

着经营者对于古玩交易行业趋势的判断。当一个商户经营状况不良时，就有可能在心理上产生消极情绪，影响对于未来发展趋势的判断，从而对当前的状况及未来的状况做出过于保守的估计。

第四节　影响商户行业信心的因素分析

对于影响商户行业信心的因素，从不同的方面做了调查。问卷设立了五个选项：与古玩交易市场相关的因素、政府政策的宏观因素、企业经营品质因素、客户因素、个人性格类型因素。在与古玩交易市场相关的因素中又设立了四个维度：古玩交易市场的基础设施和环境服务、对外宣传工作、租金的合理程度、核心竞争力。在政府政策因素中，又设有四个维度：投资环境、税收政策、人才引进政策、资金扶持政策。在企业经营品质因素中，又设有四个维度：业内丰富的管理经验、良好的口碑、足够的鉴定水准或第三方鉴定机构、企业主营品类。在客户因素中，又设有四个维度：购买力、购买愿望、收入、偏好。

在五个大的因素中，并不是所有因素都与北京古玩交易市场的行业信心相关，到底哪些因素才真正影响着经营者的行业信心呢？在每个大的因素中所设的几个维度，是否都与其相关呢？这是这次调查要探讨的问题。本节通过相关性分析以及回归分析，来解析它们之间的相关性，以确定影响商户经营信心的真正原因。

一、交易市场的条件因素

首先分析与古玩交易市场相关的因素是否是影响商户行业信心的原因，通过相关性分析，得出数据如表 5-19。

从表 5-19 中可以看出样本相关系数为 0.721，测得的 P 值（Sig.）为 0，小于 0.01，因此拒绝原假设，说明行业信心与古玩交易市场相关的因素显著相关。古玩交易市场是经营商户所从事经营的重要场所，是古玩交易的平台，是从事经营的载体。市场交易的基础环境与服务、租金情况、对外宣传活动等都与商户经营相关。除了经营环境这样的硬件设施，其软环境如古玩交易市场的核心竞争力可以增加交易市场人气，也是客户信任度的保证，越具有核心竞争力的交易市场越能为经营商户吸引来自海内外的客户，可以树立其在行业内的地位。

在这次调查中，关于古玩交易市场因素设有古玩交易市场的基础设施和环境、对外宣传工作、竞争力、租金四个维度。至于这些因素是否都是

表 5-19　交易市场相关的因素与行业信心的相关性分析

		行业信心	交易市场因素
行业信心	Pearson 相关性	1	0.721[*]
	Sig.（双侧）		0.000
	平方与叉积的和	293.996	168.818
	协方差	1.054	0.605
	N	280	280
交易市场因素	Pearson 相关性	0.721[*]	1
	Sig.（双侧）	0.000	
	平方与叉积的和	168.818	186.711
	协方差	0.605	0.669
	N	280	280

*. 在 0.01 水平（双侧）上显著相关。

古玩交易市场中的影响商户行业信心的影响因子，则需要进行统计分析。通过回归分析，得出表 5-20。从表中可以看出测得的 F 值为 240.352，而 P 值（Sig.）为 0，小于临界值，那么推翻零假设（假设回归系数都等于 0），所以不是所有系数都等于 0，也就是说至少有系数不为 0，说明这几个维度与古玩交易市场相关的因素具有线性关系。

表 5-20　回归分析 1

因变量：古玩交易市场相关的因素

模型	III 型平方和	df	均方	F	Sig.
回归	145.183	4	36.296	240.352	0.000[a]
残差	41.528	275	0.151		
总计	186.711	279			

a. 预测变量（常量）：古玩交易市场租金、古玩交易市场基础设施和环境、古玩交易市场对外宣传工作、古玩交易市场竞争力。

（一）古玩交易市场基础设施和环境与行业信心的关系

在所有的与古玩交易市场相关的因素中，具体是哪些因素影响商户行业信心呢？首先要从古玩交易市场的基础设施和环境与行业信心的关系来进行相关性的统计，如表5-21。

表5-21　古玩交易市场基础设施和环境与行业信心的相关性分析

		古玩交易市场基础设施和服务	行业信心
古玩交易市场基础设施和服务	Pearson 相关性	1	0.140^*
	Sig.（双侧）		0.019
	N	280	280
行业信心	Pearson 相关性	0.140^*	1
	Sig.（双侧）	0.019	
	N	280	280

*. 在 0.05 水平（双侧）上显著相关。

从表5-21中，可以看出得出的 $[P$ 值 Sig.（双侧）$]$ 为 0.019，小于0.05，古玩交易市场的基础设施和服务与商户对该行业的信心在0.05水平上显著相关，所以拒绝原假设，也就是说古玩交易市场的基础设施和服务与商户对该行业的信心具有相关性。古玩交易市场的基础设施条件、服务环境等因素是满足商户最基本的需要，有利于交易的顺利进行。经营环境有利于商户对经营策略进行合理定位，不同的交易市场的经营环境会给商户提出不同的要求。比如以地摊为主的旧货市场不同于以店铺为主的古玩城。地摊为主的交易市场的商户经营空间一般较狭小，能摆放古玩的占地一般在1平方米左右，而且多为露天，客户多为以"捡漏"为目的的"淘宝"者以及游客，摊位前一般摆有方凳一把，以便于顾客坐下来叙谈价格等。而以店铺为主的古玩城，其市场空间就相对优雅、宽敞一些，面积多有二三十平方米，店内布置也很讲究，有的店铺还会设置隔断，布置茶室，以便与客户喝茶聊天、交流古玩知识、谈论交易细节等。店铺经营品类相对多以某一品类为主，如珠宝玉石、瓷器杂项、青铜文物等。古玩城整体布局安排一般也按照类别来划分区域空间，如书画专区、青铜器专区等，经营的古玩一般来自拍卖市场、收藏家以及同行业商家，价格也与地摊为主的经营空间的古玩交易市场具有天壤之别。古玩城客户多以业内行家、收藏家或研究人员为主，也有明星、企业家等。会所模式的经营空间就更加自由，面积也大了很多，室内布局以经营者喜好、审美观念为第一要义，设有展览区、客户交流区等，便于定期或不定期举办讲座等交流活动。可见，交易市场的经营空间对于促成商户与客户之间的交易是很重要的。除了内部经营空间外，交易市场的设施环境也具有一定作用。窗明几净的市场环境和周到的市场服务，如便利的室内扶梯、电梯或室内购物导览等，会使客户能更有效地发现自己想淘的宝贝。设有用餐服务的古玩交易市场能让客户购物更舒适、更方便，有利于愉悦客户的购物心情，会影响客户是否再次光临的决定。

（二）古玩交易市场对外宣传工作与行业信心的关系

从表5-22中可以看出，P值［Sig.（双侧）］为0，小于0.01，拒绝原假设，因此古玩交易市场的对外宣传活动与商户行业信心之间显著相关。古玩的品质是决定交易是否长久、是否稳定的主要原因。表面上看似乎经营策略、对外宣传对于古玩交易市场来说并不是必要的条件，但其实不然。在当今信息社会，"酒香不怕巷子深"的时代已经过去，对于交易市场里的商户来说，对外宣传活动影响着商户的切身利益。无论经营什么品类，交易市场的客流量都是影响商户经营的关键之一。对于那些具有一定的稳定客户群的商户来说，日常的客流能给这些商户扩展客户群的机会。如果商户眼力高超、诚实守信，也可能将偶然性的客户转化为自己的长期客户。对于那些正在建立客户群的商户来说，稳定的客流量更加重要，这不仅是当前实现经济效益的基础条件，也是未来建立稳定客户群的基础。一定的对外宣传活动可以提升古玩交易市场在该行业的影响力，而影响力的扩大不仅能吸引客户，而且可以在行业内树立起形象，当客户在交易市场之间做出选择时，就会首先想到这些交易市场，从而增加这里商户的行业信心。比如，佰汇古玩珠宝城在 B 座第三层开创性地建立北京规模最大的室内地摊，初始阶段客流不多，通过北京电视台等媒体的对外宣传报道后，吸引了广大收藏爱好者，客流不断增大，提高了店铺商户的营业额，进一步提升了该交易市场的竞争力。

表 5-22　　古玩交易市场对外宣传工作与行业信心的相关性分析

		古玩交易市场对外宣传工作	行业信心
古玩交易市场对外宣传工作	Pearson 相关性	1	0.441*
	Sig.（双侧）		0.000
	平方与叉积的和	225.643	113.464
	协方差	0.809	0.407
	N	280	280
行业信心	Pearson 相关性	0.441*	1
	Sig.（双侧）	0.000	
	平方与叉积的和	113.464	293.996
	协方差	0.407	1.054
	N	280	280

*. 在 0.01 水平（双侧）上显著相关。

　　对于古玩交易市场来说，其经营企业一般采取承租的方式，将场地租给古玩商户，通过从中收取租金而获利。随着北京古玩交易市场的增多，古玩交易市场之间的竞争力加大，交易市场的人气对于市场里的商户的经营具有很大的影响，而商户经营状况是决定商户是否能长期租赁的主要原因。反过来，商户的入驻率也影响着古玩交易市场的人气和经营状况。在调查中发现，那些知名的、在该行业中具有影响力的交易市场的商户入驻率都是100%，租金较一般交易市场要高出一倍。在这种情况下，还有许多商户都在为进入这样的交易市场而努力。从中可以看出，对于古玩交易市场来说，对外宣传活动是不可或缺的一项重要内容。许多古玩交易市场都认识到了这一点，在这一方面都各显神通，极尽所能。

（三）古玩交易市场的核心竞争力与行业信心的关系

从表5-23中可以看出 P 值［Sig.（双侧）］为 0，小于 0.01，拒绝原假设，因此，古玩交易市场的核心竞争力与行业信心之间显著相关。企业核心竞争力自20世纪90年代被提出后，就备受管理经济学专家、企业经营者关注。核心竞争力的具体概念并没有统一的规定，对于关键要素却有较一致的认识，如企业的知识载体、技能整合等。当然企业核心竞争力的内涵随着时代的发展而不断发展，适用于各个行业和领域，并形成了不同的解释和概念。在古玩交易行业，企业的核心竞争力依然是对交易市场具有决定意义的因素之一。古玩交易市场没有生产研发的环节，在古玩交易市场，商户对于古玩的收购环节是至关重要的，只有具备相当的鉴定眼力的商户才能慧眼识珠，鉴别出具有高价值、较高艺术水准的古玩。高水平的商户是交易市场在这一环节的关键，因为他们可以带来较其他交易市场更高质量的古玩，在交易市场形成整体的高水平的文化氛围，可以给消费者一个良好的印象，这也是形成核心竞争力的重要因素。这些核心竞争力的形成会影响消费者的交易选择，竞争力越强就越会受到消费者青睐。

表 5-23　古玩交易市场核心竞争力与行业信心的相关性分析

		行业信心	古玩交易市场核心竞争力
古玩交易市场核心竞争力	Pearson 相关性	1	0.622[*]
	Sig.（双侧）		0.000
	N	280	280
行业信心	Pearson 相关性	0.622[*]	1
	Sig.（双侧）	0.000	
	N	280	280

*. 在 0.01 水平（双侧）上显著相关。

在古玩交易行业有"不找后账"的行业规则，这一行业规则更让消费者在购买古玩时小心翼翼，加倍小心；而一个具有核心竞争力的古玩交易市场必然是具有一定诚实守信的价值理念的，这样的理念可以让消费者放心地来进行古玩交易。毋庸置疑，越是具有核心竞争力的交易市场就越能吸引消费者前来交易，并且他们在以后的购买选择中，会形成优先选择该交易市场的习惯，进而为交易市场带来长期而稳定的客户群。在北京比较具有核心竞争力的交易市场，如北京古玩城的许多店铺，都具有稳定的客户群，许多明星喜欢到这里购买价值不菲的古玩。在古玩交易市场，具有核心竞争力的交易市场不仅指那些高档古玩城，还指在行业极具影响力的交易市场，比如具有超高人气的潘家园旧货市场，以及富有文化气息的琉璃厂文化街等。

（四）古玩交易市场的租金合理性与行业信心的关系

通过表 5-24 可以看出 P 值［Sig.（双侧）］为 0，小于 0.01，拒绝原假设，因此，古玩交易市场的租金合理性与行业信心之间具有相关性。调查发现，北京不同的古玩交易市场的租金有很大差别。经营方式的不同会导致租金的极大差异，比如地摊与店铺租金的缴纳方式、金额大不相同。地摊分为固定的长期经营的地摊与临时的地摊。佰汇古玩珠宝城中固定经营的地摊，其租金的缴纳方式与店铺没有太大差别，一般半年缴纳一次，但在金额上较

表 5-24　古玩交易市场租金合理性与行业信心的相关性分析

		行业信心	古玩交易市场租金合理性
行业信心	Pearson 相关性	1	0.571[*]
	Sig.（双侧）		0.000
	N	280	280
古玩交易市场租金合理性	Pearson 相关性	0.571[*]	1
	Sig. 性（双侧）	0.000	
	N	280	280

*. 在 0.01 水平（双侧）上显著相关。

店铺更少。而潘家园旧货市场的百姓跳蚤市场，需要商户每天早晨排队缴纳摊位费，然后才能使用摊位，摊位费很便宜，一般按天收取，每天 10 元。店铺的租金一般按半年或一年来缴纳，在金额上与地摊有天壤之别。即使相同的经营方式，在不同的古玩交易市场租金也会有所不同。北京的各大古玩交易市场的租金都是由各个交易市场根据市场行情而自行规定的，没有统一标准，所以具有很大的差异性。一般来说，交易市场的租金具体由交易市场在该行业的竞争力、影响力、位置、市场行情以及市场内店铺的位置和面积所决定。同一个交易市场里，租金也会因位置的不同或室内空间的不同而有所差别。而不同的古玩交易市场租金差异很大。围绕在潘家园旧货市场附近的古玩城，如北京古玩城、君汇古玩城等，租金较十里河附近的佰汇古玩珠宝城、东方博宝古玩书画城等古玩城高，而位于石景山区的博古艺苑古玩工艺品市场的租金较朝阳区的古玩城便宜很多。

租金是商户经营费用的一部分，对于这部分支出大部分商户都比较看重，尽管对于那些在这一行业已经经营多年、拥有固定客户群的商户来说，他们对于古玩交易市场的租金并不会太在意。租金是否合理会影响交易市场的入驻率，进而影响客流量，关系全体商户的整体利益。

二、政府政策因素

通过行业信心与政府政策因素的分析，得出数据如表 5–25。从表 5–25中可以看出测得的 P 值［Sig.（双侧）］为 0，小于 0.01，因此拒绝原假设，说明行业信心与政府政策因素显著相关。就全国来说，北京是古玩交易市场最为集中的地区，各大交易市场是古玩交易的一级市场，承载着古玩交易的重要职责，古玩交易在许多城区是支柱产业。比如朝阳区，该区的服务业、旅游业、文化衍生品等行业都在此基础上得到发展。在艺术市场蒸蒸日上的今天，古玩作为艺术品交易的主要部分，对于区域经济的发展发挥着重要作用。在古玩交易市场的发展中，政府政策都起到了很重要的作用，对于该行业的税收、人才引进等政策也影响着古玩交易市场的发展，影响着商户对于该行业的信心。

表 5-25　政府因素与行业信心的相关性分析

		行业信心	政府政策因素
行业信心	Pearson 相关性	1	0.709[*]
	Sig.（双侧）		0.000
	平方与差积的和	293.996	200.371
	协方差	1.054	0.718
	N	280	280
政府政策因素	Pearson 相关性	0.709[*]	1
	Sig.（双侧）	0.000	
	平方与差积的和	200.371	271.371
	协方差	0.718	0.973
	N	280	280

*. 在 0.01 水平（双侧）上显著相关。

在这次调查中，关于政府政策因素设有投资环境、税收政策、人才引进政策、资金扶持政策四个维度，调查问卷的第 5~8 题反映了这些问题。这些因素是否都是政府政策中的影响因子？是否所有因素都与政府政策因素相关？还是仅有部分是政府政策主要因素，需要进行统计分析？通过回归分析，得出表 5-26。从表中可以看出测得的 F 值为 107.122，而 P 值（Sig.）为 0，小于

表 5-26　回归分析 2

因变量：政府政策因素

模型	III 型平方和	df	均方	F	Sig.
回归	165.290	4	41.322	107.122	0.000[a]
残差	106.082	275	0.386		
总计	271.371	279			

a. 预测变量（常量）：政府资金扶持政策、政府税收政策、政府人才引进政策、投资环境。

临界值，那么推翻零假设（假设回归系数都等于0），所以不是所有系数都等于0，也就是说至少有系数不为0。说明这几个维度中，至少有一个或一个以上与政府政策因素具有线性关系。

（一）投资环境与行业信心的相关性分析

通过推断性统计分析，得出表5-27，从表中可以看出 P 值［Sig.（双侧）］为0，小于0.01，拒绝原假设。因此，北京的投资环境与行业信心之间具有相关性，也就是说投资环境的好坏影响商户的行业信心。

表5-27　北京的投资环境与行业信心的相关性分析

		行业信心	北京的投资环境
行业信心	Pearson 相关性	1	0.574*
	Sig.（双侧）		0.000
	平方与差积的和	293.996	156.211
	协方差	1.054	0.560
	N	280	280
北京的投资环境	Pearson 相关性	0.574*	1
	Sig.（双侧）	0.000	
	平方与差积的和	156.211	251.568
	协方差	0.560	0.902
	N	280	280

*. 在0.01水平（双侧）上显著相关。

投资环境分硬环境和软环境。硬环境是指古玩交易市场内部的场地设施、基础设备、室内环境、基础服务等。其内部的场地设施是商户经营的基础，基础环境和服务也是交易市场的经济实力、管理水平的体现。基础服务上也可以体现与其基本相一致的配套能力，良好的配套能力会为交易市场的客户带来与众不同的体验，增强客户的消费效应。硬件设施相对健全、配套能力良好的古玩交易市场会给行业内外树立一个较高端的形象，对于那些具有投资或收藏意向的大收藏家有自然的吸引力。比如，潘家园旧货市场和北京古玩城都是位于潘家园古玩交易产业园区的龙头企业，二者的客户群却完全不一样。潘家园旧货市场的客户多是去"淘宝"或游玩；而出入北京古玩城的一般是投资人或大收藏家，客户群多是回头客或稳定的客户。北京古玩交易市场的硬环境也包括古玩交易市场的外部空间。交易市场所在的地理位置、周边环境也具有重要的作用，比如潘家园附近的古玩城或旧货市场都位于古玩交易行业繁盛的潘家园古玩商圈，这样的环境和氛围有利于市场的整体发展。投资环境的软环境也分为内部环境和外部环境。内部环境主要指交易市场的管理理念、影响力、核心竞争力等软实力。古玩交易市场的基础环境等硬件固然不可或缺，但其实软实力才是真正决定交易市场成败的关键。在这次调查中发现，在古玩交易市场的四个因素——古玩交易市场的基础设施和环境、对外宣传工作、核心竞争力、租金中，虽然基础设施和环境、租金问题都与商户的行业信心相关，但还是古玩交易市场的核心竞争力与商户的行业信心的相关系数更大，可见交易市场的软环境对商户的行业信心的影响程度。交易市场的外部环境是由该地区的文化氛围、商业气息、行业发展能力等因素所决定的，这些因素是影响该行业在该地区发展的主要原因，也对商户的行业信心产生着重要影响。

（二）政府税费政策与行业信心的相关性分析

从表 5-28 中可以看出 P 值［Sig.（双侧）］为 0，小于 0.01，拒绝原假设，因此政府税收政策与行业信心之间显著相关。古玩交易行业所交易的古玩属于艺术品范畴，具有不可再生性、不可复制性，作为国家的文化遗产受到国家的保护。国家对于古玩的消费税、进口关税都有严格的规定。不同的国家对于艺术品交易有不同的规定。在美国，无论是销售商、投资人还是收藏家购买艺术品都要缴纳资本利得税。在美国各个州交易艺术品、进行艺术品的咨询服务等，都要根据各个州的规定缴纳消费税；在进口关税方面，美国实行零关税政策。英国的艺术品税种有个人所得税、资本利得税、间接税、进口关税，其中个人所得税是针对持有一年或一年以内出售的艺术品，其税率为 50%；而资本利得税是针对持有超过一年的艺术品，其税率为 18%；间接税是指消费者进行消费时所缴纳的增值税，税率为 20%；对于进口关税，英国也实行零关税政策，但对以营利为目的的艺术品征收 5% 的进口增值税。

表 5-28　　政府税收政策与行业信心的相关性分析

		行业信心	政府税收政策
行业信心	Pearson 相关性	1	0.341[*]
	Sig.（双侧）		0.000
	平方与差积的和	293.996	103.854
	协方差	1.054	0.372
	N	280	280
政府税收政策	Pearson 相关性	0.341[*]	1
	Sig.（双侧）	0.000	
	平方与差积的和	103.854	315.996
	协方差	0.372	1.133
	N	280	280

*. 在 0.01 水平（双侧）上显著相关。

　　中国的艺术品税种主要有企业所得税、个人所得税、增值税、关税。对于企业所得税而言，没有对艺术品做特殊的规定，因此按照适用企业所得税税率缴纳。个人所得税规定海外回流文物的税率为 2%。增值税也未对艺术品有特殊规定，按照适用的增值税税率缴纳。我国非常重视关税的征收，对于与我国签订最惠国待遇的国家，其税率根据艺术品种类不同适用 0~14%，对于古董、艺术品原件以及复制品适用不同的税率；对于未与我国签订最惠国待遇的国家，除了古董艺术品的税率为零外，对于艺术品原件以及复制品都要征收 50% 的进口关税；对于那些与我国签订自由贸易区协定的国家和地区，其税率按照协议规定来计算。从以上的规定来看，我国的进口关税是相对偏高的，对于与我国签订最惠国待遇的国家，艺术品原件的税率尽管已从 12% 下降至 6%，但再加上国内 17% 的增值税，其涉及金额仍是相当大的。当前古玩艺术品的税费问题，是许多回流文物的难题，也是许多收藏家最为头疼的问题。广东藏家郑华星以 1.86 亿元拍下"明永乐鎏金铜释迦牟尼佛坐像"，但其税费就高达 0.5 亿元之多。万达以 1.72 亿元在纽约购得毕加索作品《两个小孩》，但想要将该作品带回国，还要缴纳税费近 4 000 万元。

由此可见，税收政策对古玩交易市场影响很大，税费占了收藏者和购买商户的很大一部分支出费用，过高的税费将阻碍古玩在国际市场的流通，影响国内市场的发展，而北京古玩交易市场作为全国的古玩交易集散地，其税费政策就很可能影响商户的行业信心。

（三）人才引进政策与行业信心

通过相关性分析，如表 5-29，可以看出 P 值［Sig.（双侧）］为 0，小于 0.01，拒绝原假设，因此政府人才引进政策与行业信心之间显著相关，说明了行业信心受政府人才引进政策的影响。

表 5-29　政府人才引进政策与行业信心的相关性分析

		行业信心	政府人才引进政策
行业信心	Pearson 相关性	1	0.403*
	Sig.（双侧）		0.000
	平方与差积的和	293.996	130.018
	协方差	1.054	0.466
	N	280	280
政府人才引进政策	Pearson 相关性	0.403*	1
	Sig.（双侧）	0.000	
	平方与差积的和	130.018	353.911
	协方差	0.466	1.268
	N	280	280

*. 在 0.01 水平（双侧）上显著相关。

人才对于古玩交易市场的管理是非常重要的。古玩交易市场的管理水平是交易市场的软实力，只有高水平的市场管理才能为企业的发展带来核心竞争力，才能在业内树立良好形象和威望，为交易市场的发展创造条件、建立基础，使其稳定持续发展。对于市场的管理水平的高低，也影响着商户入驻率，影响商户行业信心。能为商户着想的市场管理者可以让商户安心经营，解除后顾之忧。如果从市场内部的环境设施的配置管理到外部市场宣传工作都有利于商户经营，那么就将吸引商户长期入驻，加强商户行业信心。

管理水平的高低最终取决于是否有高水平的管理人才。目前，北京古玩交易市场的人才结构不是很合理，主要表现为高层次管理人才缺乏，在古玩交易行业与市场管理方面皆擅长的复合型人才不多，商户的学历水平多集中在大专及以下。这些人才方面的问题会在一定程度上阻碍未来古玩交易行业的发展，也影响着经营商户的行业信心。因此，政府关于人才的引进政策对于古玩交易市场的发展是很重要的。

（四）政府资金扶持政策与行业信心

通过相关性分析，得出表 5-30，从表中看出 P 值［Sig.（双侧）］为 0，

表 5-30　政府资金扶持政策与行业信心的相关性分析

		行业信心	政府资金扶持政策
行业信心	Pearson 相关性	1	0.503*
	Sig.（双侧）		0.000
	平方与差积的和	293.996	149.161
	协方差	1.054	0.535
	N	280	280
政府资金政策	Pearson 相关性	0.503*	1
	Sig.（双侧）	0.000	
	平方与差积的和	149.161	298.768
	协方差	0.535	1.071
	N	280	280

*. 在 0.01 水平（双侧）上显著相关。

小于0.01，拒绝原假设，因此政府资金扶持政策与行业信心之间具有相关性，说明了行业信心是受政府资金扶持政策影响的。

北京古玩交易市场是古玩及艺术品交易的主要平台，在文化艺术产业中占有重要的地位。北京文化创意产业领导小组自2006年起挂牌认定的30个文化创意产业基地中，有2个是古玩艺术品交易行业园区，它们分别是北京潘家园古玩艺术品交易园区、琉璃厂历史文化创意产业园区。可见，北京的古玩艺术品交易行业在文化产业发展中发挥着一定的作用。当今古玩交易行业要在文化产业这条道路上稳步前进，政府资金扶持政策是必不可缺少的。因为古玩交易行业不同于生产制造行业，后者担保体系、融资过程都已经发展成熟，但古玩交易行业的融资过程却很艰难，主要原因是古玩这样的艺术品价值判断的难度大，真伪辨别需要很高的学识和实践能力，而古玩交易行业的信息不对称让信用担保体系很难在融资过程中发挥作用，这就造成了古玩交易行业融资难的问题。要想真正解决古玩交易行业的这一问题，仅凭个人或企业的力量是不行的，仅依靠市场的调节也不能完成，因此必须取得政府的资金政策的扶持，才能真正解决这个问题。政府的资金扶持政策就是为弥补市场自我运行中的不足，利用宏观调控的手段对特定的行业领域给予一定的扶持政策，为企业融资开辟道路。政府的资金扶持体系并不是仅仅为企业提供一时的资金支持，而是为了企业的长远发展而建立的系统工程，这一系统工程是全方位、多层次的，需要多个部门、多种渠道的共同协调、相互合作。

要想使这一系统工程真正实施并发挥作用，需要政府管理体系、信用担保体系、金融支持体系提供运行基础。政府管理机构可以为古玩交易行业提供政策咨询、教育培训，从而为未来的融资道路提供技术基础；信用担保机构可通过社会信用体系的建立，加强古玩交易市场的诚信建设，并通过政府与商业金融机构共担风险的方式，提高商业金融机构对古玩交易企业的信任程度，以便于企业顺利完成融资计划；金融支持体系是政府进行资金扶持政策的主要内容，主要通过发放信用贷款，帮助建立古玩交易行业的基金项目来完成。由此可见，政府的资金扶持政策对于古玩交易行业的发展至关重要，关系着该行业是否能顺利融资，因此政府资金扶持政策与行业信心关系重大。

三、企业经营管理因素

首先分析企业经营管理因素是否是影响商户行业信心的原因，通过相关性分析，得出数据如表5-31。从表5-31中可以看出测得的 P 值［Sig.（双侧）］为0，小于0.01，因此拒绝原假设，说明行业信心与企业管理因素显著相关。经营商户是古玩交易市场的主体，市场仅仅是他们的经营场所。最终，古玩交易市场的发展前景，还是取决于古玩商户的经营管理状况和业绩。那么哪些因素会影响企业经营状况呢？

表5-31　企业管理因素与行业信心的相关性分析

		行业信心	企业管理因素
行业信心	Pearson 相关性	1	0.464*
	Sig.（双侧）		0.000
	平方与差积的和	293.996	125.814
	协方差	1.054	0.451
	N	280	280
企业管理因素	Pearson 相关性	0.464*	1
	Sig.（双侧）	0.000	
	平方与差积的和	125.814	250.343
	协方差	0.451	0.897
	N	280	280

*. 在0.01水平（双侧）上显著相关。

在古玩交易这一行业，除了需要一般企业经营所看重的管理经验外，还有其他普通商业所不具备的特点，比如商户的鉴定能力，这是从事这一特殊行业的人所必须具备的能力。企业经营品牌是所有企业共同关注的问题，也是企业能稳步发展的法宝，在古玩交易行业亦然，只不过在该行业已转变为行业口碑问题，行业口碑实际是品牌经营的标志。

在这次调查中，关于企业管理因素设有商户的鉴定经验、管理经验、业内口碑、经营品类四个维度，调查问卷的第9~12题反映了这些问题。至于这些因素是否都是企业管理的影响因子，有哪些因素与企业管理因素相关，需要进行统计分析。通过回归分析，得出表5-32。从表中可以看出测得的 F 值为21.700，而 P 值（Sig.）为0，小于临界值，那么推翻零假设（假设回归系数都等于0），所以不是所有系数都等于0，也就是说至少有系数不为0，说明这几个维度与企业管理因素具有线性关系。那么在这些企业管理因素中，具体哪些维度是与行业信心相关的呢？要一一进行具体分析。

表 5-32　回归分析 3

因变量：企业管理因素

模型	平方和	df	均方	F	Sig.
回归	60.060	4	15.015	21.700	0.000[a]
残差	190.283	275	0.692		
总计	250.343	279			

a. 预测变量（常量）：企业经营类别、管理经验、良好口碑、鉴定经验。

（一）商户鉴定水平与行业信心

通过相关性分析得出表5-33，从表中可以看出 P 值[Sig.（双侧）]为0，小于0.01，因此拒绝原假设，说明行业信心与商户鉴定经验显著相关。在古玩交易这一特殊的行业，要想在该行业从事经营，必须具有一定的鉴定水平，才能在该行业立足，因为该行业具有交易完成后"不找后账"的"潜规则"，所以商户有足够的鉴定水平是经营古玩的基础。商户经营的古玩有多个进货渠道，比如其他古玩交易市场、收藏者、拍卖等，无论是哪种进货渠道，商户要想维持经营，就不能"打眼"。如用10万元购买的古玩，真正的价值是 20 万，那这笔生意是可以获取利润的；但是如果商户鉴定水平不够，10 万元进的货，是赝品或伪作，仅值千元甚至几十元，那商户的损失可就大了。这样的"打眼"经历，会对商户的行业信心产生很大的影响。古玩交易行业要胆大心细，但是只有艺高才能胆大，只有具备足够的知识储备、鉴定经验才能在交易市场、拍卖等购货渠道中，快速辨别出值得购买的古玩。具备这样能力的商户才能在经营中得心应手，对未来市场自然充满信心。

表 5-33　商户鉴定水平与行业信心的相关性分析

		行业信心	商户鉴定水平
行业信心	Pearson 相关性	1	0.387*
	Sig.（双侧）		0.000
	平方与差积的和	293.996	107.714
	协方差	1.054	0.386
	N	280	280
商户鉴定水平	Pearson 相关性	0.387*	1
	Sig.（双侧）	0.000	
	平方与差积的和	107.714	263.143
	协方差	0.386	0.943
	N	280	280

*. 在 0.01 水平（双侧）上显著相关。

　　对客户来说，对于那些具有较高鉴定水平的商户会心存信任，客户自然会选择到这些商户的店铺来进行交易。在一个古玩交易市场，商户也害怕身边有不识货的同伴，因为这样的商户的出现，会让客户对整个交易市场失去信任感，连累交易市场的其他商户，影响交易市场未来的经营状况。由此可见商户的鉴定水平对于行业信心是相当重要的。

　　（二）管理经验与行业信心

　　通过相关性分析得出表 5-34，从表中可以看出测得的 P 值［Sig.（双侧）]为 0，小于 0.01，因此拒绝原假设，说明行业信心与商户管理经验显著相关。古玩交易市场的商户与其他行业的经营者一样，都需要具备经营企业的能力，这些能力的培养是需要一定时间的。管理能力除了需要一定的理论知识外，重要的是在实践中不断积累。管理经验就是对日常工作的理论概括，是日常管理经验的升华，是理论化、系统化的知识，可以用来指导管理实践，为企业管理服务。日常管理要尊重以往的管理经验，因为那是在实践中总结出来的，当然也要深化管理经验，因为没有一成不变的管理经验。随着时间的推移和企业内外部条件的变迁，商户经验也会越来越丰富，并进一步将这些经验上升到理论高度，转化为新的管理经验来指导实践。无论是哪个领域，管理经验在企业的管理实践中都是相当重要的，它是企业的生命，是企业可持续发展的基础。

表 5-34　管理经验与行业信心的相关性分析

		行业信心	管理经验
行业信心	Pearson 相关性	1	0.319^*
	Sig.（双侧）		0.000
	平方与差积的和	293.996	97.179
	协方差	1.054	0.348
	N	280	280
管理经验	Pearson 相关性	0.319^*	1
	Sig.（双侧）	0.000	
	平方与差积的和	97.179	315.071
	协方差	0.348	1.129
	N	280	280

*.在 0.01 水平（双侧）上显著相关。

　　古玩交易行业虽然不同于普通行业，但在企业内部的管理经验方面还是相通的，那些经营商户即使经营的是古玩，管理经验也会对他们的经营状况产生影响。比如古玩的运输保管要有一定的经验，特别是古字画，如果不加妥善保管，容易酿成大错；如何陈设摆放也是有讲究的，良好的秩序管理，会给人以专业的感觉。古玩的定价管理是一门学问，加上古玩的价格的难以确定，就更需要管理策略。日常的管理工作会积累一些管理经验，并影响着经营状况，进而影响行业信心。

（三）企业口碑和行业信心

通过相关性分析得出表5-35，从表中可以看出测得的 P 值［Sig.（双侧）］为0，小于0.01，因此拒绝原假设，说明行业信心与商户口碑显著相关。商户口碑就像企业品牌一样，要树立自我品牌形象，推销自己的产品，发挥广告宣传的作用，来宣传自己产品较其他产品在功能、外观、材质等方面的优势，树立产品在消费者的心中的独特形象。企业不仅要在产品宣传上下功夫，还要在企业经营理念上有与自己的产品相一致的文化、价值观，这些文化层面的内涵既会渗透到产品中，又会形成高于产品的商业价值，久而久之就会形成广大消费者所熟知的企业品牌，并将发挥巨大的市场价值。

表5-35　商业口碑与行业信心的相关性分析

		行业信心	商业口碑
行业信心	Pearson 相关性	1	0.373*
	Sig.（双侧）		0.000
	平方与差积的和	293.996	118.300
	协方差	1.054	0.424
	N	280	280
商业口碑	Pearson 相关性	0.373*	1
	Sig.（双侧）	0.000	
	平方与差积的和	118.300	342.800
	协方差	0.424	1.229
	N	280	280

*. 在 0.01 水平（双侧）上显著相关。

在古玩交易行业，商户口碑就如同企业品牌一样，是商户在该行业的品质和形象的体现。古玩交易行业的品牌形象多是以良好的口碑体现的，古玩没有普通商品的同质性，因此不需要通过产品宣传等活动来树立企业形象。古玩交易过程中重要的是商户的鉴定水平、信用、人品，如果商户本身是行家里手，在自己经营的领域里具有很高的"眼力"，在人品上又诚实守信，受业内尊敬，其口碑就会逐渐确立起来，并在行业内传播开来，逐渐形成一定影响力。依靠这一影响，将吸引高端客户前来交易，并发展稳定的客户群，为未来经营奠定基础，确立对该行业的信心。商户口碑越好，其对行业的信心就越大。

（四）经营品类与行业信心

通过相关性推断分析，得出表5-36，从表中看出 P 值［Sig.（双侧）］为0.124，大于0.01，因此接受原假设，因此商户经营品类与行业信心是没有相关性的，也就是说行业信心不因经营品类的不同而受到影响。

表5-36　经营品类与行业信心的相关性分析

		行业信心	经营品类
行业信心	Pearson 相关性	1	0.092
	Sig.（双侧）		0.124
	平方与差积的和	293.996	27.139
	协方差	1.054	0.097
	N	280	280
经营品类	Pearson 相关性	0.092	1
	Sig.（双侧）	0.124	
	平方与差积的和	27.139	294.568
	协方差	0.097	1.056
	N	280	280

*. 在0.01水平（双侧）上显著相关。

北京古玩交易市场规模大，交易品类繁多。商户一般选择比较擅长的品类进行经营。因为古玩经营除了需要经营管理一般企业所必需的管理水平外，还需要很高的古玩鉴定水平，而古玩包含有上千品类，没有人能在所有的领域都具有很高的鉴定水平，所以一般古玩经营都"做熟不做生"，也就是指在自己熟悉的领域里从事经营，否则必定遭受失败。在不熟悉的领域里经营，商户对货源的真假、年代等信息判断不准，会有"打眼"的可能，所以商户一般都有专营品类。各大古玩交易市场也都按品类设立经营区域，比如珠宝玉石、佛像铜器、文玩书画等。但不论商户经营什么品类，所面对的市场环境等都是公平的，行业的发展不会因某一品类而呈现特殊趋势，商户行业信心也不会因经营品类不同而受到影响。

四、客户因素

首先分析与古玩交易市场相关的因素是否是影响商户经营信心的原因，通过相关性分析，得出数据如表 5-37。

表 5-37　客户因素与行业信心的相关性分析

		行业信心	客户因素
行业信心	Pearson 相关性	1	0.532*
	Sig.（双侧）		0.000
	平方与差积的和	293.996	135.411
	协方差	1.054	0.485
	N	280	280
客户因素	Pearson 相关性	0.532*	1
	Sig.（双侧）	0.000	
	平方与差积的和	135.411	220.768
	协方差	0.485	0.791
	N	280	280

*. 在 0.01 水平（双侧）上显著相关。

从表 5-37 中可以看出测得的 P 值［Sig.（双侧）］为 0，小于 0.01，因此拒绝原假设，说明行业信心与客户因素显著相关。古玩交易市场的发展，除了市场提供的经营服务环境、政府扶持政策、商户的企业管理外，客户是交易市场的关键，离开客户的市场是不可能正常运行的。交易市场努力创造的营销理念、政府提供的投资环境，以及经营商户营造的交易氛围，都是为吸引消费者而服务的，只有拥有客户的市场才能有交易的机会。而客户收入水平和购买愿望又都决定着客户是否进入市场进行消费。在古玩交易行业，人们进行投资或收藏的愿望是随着人们生活水平的提高而产生的，人们生活水平越高，就越能激发对于古玩的收藏热情，就越能推动古玩交易市场的发展。而客户对于古玩消费的购买愿望以及购买力是最终决定客户是否顺利实现交易的基础。因此，客户因素是商户对该行业发展前景是否具有信心的主要影响因素。

在这次调查中，关于客户因素设有购买愿望、收入、购买力、偏好四个维度，调查问卷的第 13~16 题反映了这些问题。至于这些因素是否都是客户因素的影响因子，需要进行统计分析。通过回归分析，得出表 5-38。从表中可以看出测得的 F 值为 25.681，而 P 值为 0，小于临界值，那么推翻零假设（假设回归系数都等于 0），所以不是所有系数都等于 0，也就是说至少有系数不为 0，说明这几个因素至少有一个与客户因素具有线性关系。那么在这些客户因素中，具体哪些是与行业信心相关的呢？要一一进行具体分析。

表 5-38　回归分析 4

因变量：客户因素

模型	平方和	df	均方	F	Sig.
回归	60.079	4	15.020	25.681	0.000[a]
残差	160.250	274	0.585		
总计	220.330	278			

a. 预测变量（常量）：偏好、客户购买愿望、客户购买力、收入。

（一）客户购买愿望与行业信心

通过相关性分析得出表5-39，测得的 P 值［Sig.（双侧）］为0，小于0.01，因此拒绝原假设，说明行业信心与客户购买愿望显著相关。

表5-39　客户购买愿望与行业信心的相关性分析

		行业信心	客户购买愿望
行业信心	Pearson 相关性	1	0.364*
	Sig.（双侧）		0.000
	平方与差积的和	293.996	93.775
	协方差	1.054	0.336
	N	280	280
购买愿望	Pearson 相关性	0.364*	1
	Sig.（双侧）	0.000	
	平方与差积的和	93.775	225.825
	协方差	0.336	0.809
	N	280	280

*. 在 0.01 水平（双侧）上显著相关。

不同的人对于古玩消费有不同的原因。普通商品的消费一般仅仅是因产品的功能或客户理性的需要而进行的，获得的消费者效用主要是实用目的的实现。而古玩却不一样，它属于艺术品，具有历史价值、艺术价值等价值。因此，客户对于古玩的消费目的是不同于普通商品的。除了有些商人以投资古玩获取利益外，有人收藏古玩纯粹是为了感情需要。比如在古玩交易市场有红色藏品这一类，它没有统一的定义，泛指革命文物，种类很多，有反映革命战争年代题材的国画、油画、宣传画，有历史遗留的纪念品如毛主席语录、纪念章、徽章，还有其他工艺品如针织品、刺绣用品、瓷器等。红色藏品因具有特定的历史意义而被许多藏家追捧，许多藏家是看中藏品的革命历史时期的纪念意义或出于对那段历史的感情需要，而非投资需要。

收藏动机是购买愿望的潜在意识，购买愿望是在一定的动机的激发下而生成的指导行动的心理作用，也可以称作购买欲望。客户只有拥有最初的购买愿望才会进行进一步消费，无论这一愿望是利益驱使，还是感情使然，购买愿望是进一步交易的基础。如果客户没有购买愿望，再大的市场也促不成交易。在古玩交易市场，购买愿望是伴随着一定的经济能力和古玩鉴赏能力而产生的，足够的经济实力是购买任何商品都需具备的条件；除此之外，对于古玩这样的艺术品来说，还要有一定的艺术鉴赏水平，不具备鉴赏水平，再好的古玩也勾不起客户的购买愿望。

总之，购买愿望是古玩交易的初始条件，客户的购买愿望越强就能给市场越大的机会，就会让商户对该行业有更大的信心。

（二）客户收入与行业信心

在与客户相关的因素中，购买愿望只是客户内心产生的最初的动机。但将这一动机转化成现实还是需要其他条件的。社会的经济发展水平如果没有达到让人们进行收藏活动的程度，人们是不可能对古玩产生兴趣的；个人不具备一定的经济实力，再好的愿望也只不过是空中楼阁。在人们无法满足自身生存条件的情况下，是不会有丰富文化艺术等精神方面的需要的。具有购买愿望的人未必有能力进行交易。因此问卷设置了客户收入、购买力等因素。通过相关性分析，得出表 5-40，从表中可以看出测得的 P 值［Sig.（双侧）］为 0，小于 0.01，因此拒绝原假设，说明行业信心与客户收入显著相关。客户有了购买愿望后，并不一定去实施购买计划。实施计划的一个关键因素是客户是否具有相当的购买条件，其中之一就是客户的收入水平。一般来说，客户收入水平越低，分配给日常生活必需品的份额就越大，用于精神文化生活的消费就越低；反之，用来购买古玩这些艺术品等精神文化消费的份额就越大。客户收入越高，古玩的购买力就越大，实施购买计划的可能性就越大，市场交易成功的机会就越大，商户的行业信心就越大。

表 5-40 客户收入与行业信心的相关性分析

		行业信心	客户收入
行业信心	Pearson 相关性	1	0.436*
	Sig.（双侧）		0.000
	平方与差积的和	293.996	120.968
	协方差	1.054	0.434
	N	280	280
客户收入	Pearson 相关性	0.436*	1
	Sig.（双侧）	0.000	
	平方与差积的和	120.968	261.711
	协方差	0.434	0.938
	N	280	280

*. 在 0.01 水平（双侧）上显著相关。

（三）购买力与行业信心

通过相关性分析得出表 5-41，测得的 P 值［Sig.（双侧）］为 0，小于 0.01，因此拒绝原假设，说明行业信心与购买力显著相关。

表 5-41 购买力与行业信心的相关性分析

		购买力	行业信心
购买力	Pearson 相关性	1	0.534*
	Sig.（双侧）		0.000
	平方与差积的和	230.286	138.857
	协方差	0.825	0.498
	N	280	280
客户收入	Pearson 相关性	0.534*	1
	Sig.（双侧）	0.000	
	平方与差积的和	138.857	293.996
	协方差	0.498	1.054
	N	280	280

*. 在 0.01 水平（双侧）上显著相关。

古玩属于艺术品，对于古玩的消费是一种高层次的精神消费。根据马斯洛的需求层次理论，人只有满足了低层次的消费才能进行高层次的消费。在战争频繁的年代，在常人眼里一件文物珍品的价值都不如一袋大米。人们只有解决了基本的生存需求才会追求高层次的需求。购买力是人们整体生存状态的一种体现，购买力越高，人们越有能力进行高层次的精神消费，古玩市场就越活跃，商户的行业信心就越大。

（四）客户偏好与行业信心

通过相关性推断分析（表 5–42），测得的 P 值 [Sig.（双侧）] 为 0.114，大于 0.01，接受原假设，因此客户偏好与行业信心是没有相关性的，也就是说行业信心不受客户偏好的影响。

表 5–42　客户偏好与行业信心的相关性分析

		行业信心	客户偏好
行业信心	Pearson 相关性	1	0.095
	Sig.（双侧）		0.114
	平方与差积的和	293.996	26.968
	协方差	1.054	0.097
	N	280	279
客户偏好	Pearson 相关性	0.095	1
	Sig.（双侧）	0.114	
	平方与差积的和	26.968	274.631
	协方差	0.097	0.988
	N	279	279

客户的偏好常常有较大差异：有的客户因为信仰原因，喜欢收藏宗教用品；有的客户对红色收藏情有独钟；有的客户偏爱珠宝玉器；有的客户偏爱文玩字画等。不同的收藏家、投资者都有他们自己的收藏喜好和投资领域，但这些个人偏好不能决定市场发展趋势，因为每个古玩门类都有各

自的爱好者。如果某一个品类被社会认知的程度低，经营它的商户也会相对较少；而随着社会对该品类的认知程度提高，收藏者增多，经营这一品类的商户也会随之增多。所以，客户偏好毕竟是受暂时的认知程度的限制的，会随着时间的推移而改变。而商户的行业信心主要受到政府宏观环境、国家经济实力、人们的收入水平等大趋势的影响，因此客户偏好与行业信心之间没有相关性。

五、商户性格因素

通过相关性推断分析，测得的 P 值［Sig.（双侧）］为 0.057，大于 0.01，因此接受原假设，也就说商户性格因素与行业信心是没有相关性的，行业信心不因商户性格的原因而受到影响。

表 5–43　商户性格因素与行业信心的相关性分析

		行业信心	商户性格因素
行业信心	Pearson 相关性	1	0.114
	Sig.（双侧）		0.057
	平方与差积的和	293.996	33.200
	协方差	1.054	0.119
	N	280	280
商户性格因素	Pearson 相关性	0.114	1
	Sig.（双侧）	0.057	
	平方与差积的和	33.200	288.800
	协方差	0.119	1.035
	N	280	280

六、小结

通过以上调查分析，可以得出如下结论：商户对古玩交易行业总体还是很有信心的，而影响行业信心的因素主要有政府政策、企业经营管理、消费者等因素。政府的资金扶持政策、人才引进政策、税收政策等因素对古玩交易行业具有重大影响，因为政府的政策对行业发展具有导向作用。古玩交易行业交易的品类很特殊，特别是一些备受国家保护的文物以及回流文物等，都要在国家政策范围内来经营。在 20 世纪 80 年代前，北京并没有固定的古玩交易市场，当时政府不主张古玩交易。而目前古玩交易已在艺术品市场中占有一定的地位，并发展出古玩艺术品交易产业园区，这正与当前政府在这一领域的政策支持有关系。政府的政策支持为这一行业提供了良好的投资环境、人才引进政策以及税收政策，对该行业的发展起到了关键作用。但一个行业的发展只有政府的政策支持是不行的，毕竟政府所给予的仅仅是宏观环境，而行业发展的微观层面是影响该行业运行的主要原因，比如该行业经营企业的经营管理水平等。古玩商户的经营管理、鉴定知识经验、业内口碑等因素决定着商户是否能在该行业立足并稳步发展。经营者的管理水平越高，就越容易在激烈的竞争中胜出。而且鉴于这一特殊行业的特殊行规，要想在古玩交易行业持续经营，古玩鉴定知识是必备的，而且具有越高的鉴定水平的人，就越能在交易中占据有利地位，而鉴定水平低的人，不仅捡不到"漏"，还会因为"打眼"损失惨重。古玩交易市场经营成功的企业必定是那些因"眼力"高超、诚信经营而在行业内具有良好的口碑的企业。经营企业是交易市场的主体，其经营状况与其对该行业的信心息息相关。在众多微观环境因素中，古玩交易市场所提供的服务环境、硬件设施、对外宣传活动以及合理的租金都会对市场的商户的经营产生影响，并进一步影响商户的行业信心。特别是古玩交易市场的核心竞争力在一定程度上给商户带来了联动效应。联动效应是指一件事物整体所表现出的效应、品质、口碑，影响着与之相关联的事物在人们心中的印象。核心竞争力强的古玩交易市场会给那些经营商户带来联动效应，扩大在消费者中的影响力，而商户也会为了与交易市场的形象相一致，努力提高他们的品质，进而增强对该行业的信心。政府的宏观环境、古玩交易市场的设施环境、商户的管理经营都为市场提供了良好的机遇。但无论什么类型、什么经营品类的市场，没有消费者的市场是不能完成市场流通的，消费者是商品的最终接受者，只有商品销售到了消费者手中，市场的流通过程才是完整的。对于古玩交易市场来说，消费环节不仅是古玩的接受环节，还是一个艺术再创造的环节。在这一环节，消费者同时又是艺术的鉴赏者，在进行古玩鉴赏的过程中，鉴赏者并不是消极地接受而是积极地参与、投入到鉴赏活动中。鉴赏者在与古玩的沟通交流中，会投入自身的审美经验，调动各种审美心理因素，对古玩的外在韵味和内在意境加以拓展、发挥，从而通过古玩所凝结的人类劳动、美学思想来确证人类自身的存在，使古玩的审美价值从可能性变为现实性。因此，消费环节是重要的环节，在这一环节，客户的购买愿望、购买力以及收入都在一定程度上决定着消费环节是否能有序进行，影响着古玩交易市场商户的经营状况以及行业信心。

第六章

北京古玩交易市场的

SWOT 分析及发展策略

"SWOT"是经济管理学中用于分析企业或某个领域市场运行中的内部条件、外部环境等因素的工具，通过分析来确定当前的优势或劣势、机会与挑战，为企业或某个行业的发展制定战略。内部条件因素主要有"S"即优势（strengths），"W"即劣势（weaknesses），而外部环境包括"O"即机会（opportunities），"T"即威胁（threats）。SWOT 分析方法自 20 世纪 80 年代被提出以后，就成为企业进行自我评估，确立未来发展战略的重要方法，可为企业长远发展建立基础，因其简便、高效而广受企业青睐。后来，SWOT 分析方法被广泛应用于各个行业领域中，为各个行业的内部条件、外部环境进行评估。

由于区位优势、文化历史条件、自然地理环境以及政府政策扶持等因素，北京古玩交易市场发展迅速，特别是因文化历史优势而发展的琉璃厂文化街，以及多种因素共同促成的古玩交易市场集聚区域——北京朝阳区的潘家园古玩交易商圈。潘家园古玩交易商圈的古玩交易市场数量多，分布集中，经营品类繁多，经营空间多样。特别是潘家园旧货市场、北京古玩城等古玩交易市场在行业内影响力巨大。同时北京的其他区域也分布着大大小小的古玩交易市场，如通州区的宋庄古玩城、通州古玩城，石景山区的北方旧货交易市场、博古艺苑古玩工艺品市场，以及海淀区的爱家国际收藏品交流市场等。北京古玩交易市场在文化创意产业的大潮中亦与时俱进、积极进取。潘家园古玩艺术品交易园区、琉璃厂历史文化创意产业园区相继被北京文化创意产业领导小组挂牌认定为市级文化创意产业集聚区，在文化产业中发挥着一定的作用。北京古玩交易市场在全国古玩交易行业已占据了很大的优势地位。随着当前政府部门对于艺术品市场的重视程度增加，北京古玩交易市场的发展更面临着重大机遇。当然北京古玩交易市场在古玩估价、鉴定体系以及法律方面存在很多不完善之处，面临很大的挑战。本章通过 SWOT 分析，为北京古玩交易市场把脉问诊，制定相应的发展战略。

第一节　北京古玩交易市场的 SWOT 分析

一、优势（strengths）

（一）文化氛围浓厚

首先，北京作为六朝古都，文化资源丰富。古寺庙、古建筑、古代遗址等不可移动文物数不胜数，笔墨画卷、古籍善本、铜器佛像、瓷器杂项等可移动文物更不胜枚举。就宗教建筑来说，北京既有历朝历代的寺庙、道观等中式的建筑遗迹，也有天主教堂等西方形制的建筑。在宗教建筑如此多的京城，宗教用品种类也丰富多彩，工艺水平极其高超。统治阶级对佛教的推崇使宫廷造像的打造都是集国之全力，造像规格宏大、工艺精细、器宇轩昂。佛教用品如是，其他古玩如珠玉瓷器、青铜器皿、手工艺品亦精美绝伦。在北京这座古都，历史遗留下来的宝物多得数不清；朝代更迭，那些名人画卷、断墙残垣、名瓷碎片都在京城的角落里见证历史的变迁。

其次，北京富有"玩"文化。俗语曰"一方水土养育一方人"，北京人在这座古都丰富的历史文化的熏陶下，也养成了不同于其他地区的好古、好"玩"的风气。京城人好"玩"，古玩就成为他们"玩"的主要对象，特别是老北京人，不论在北京的街头巷尾，身上都要有件把玩的物件，如菩提手串、项链、文玩核桃等。而在全国其他地方，除了一些对此具有特殊爱好的人外，很少见有群体性来佩戴这些文玩的人群。古玩中的"玩"不是普通意义上的"玩"，不是玩物丧志的"玩"，这里的"玩"是把玩、鉴赏之意。北京人将其发挥到极致，似乎什么都可以玩出趣味、玩出文化。侍弄虫儿、罐儿、鸟儿、鱼儿这些小东西都别有一番情趣，甚至斗蛐蛐、养鸽子这些俗事都可以成为文化。京城里也"玩"出不少大家，刘一达的《京城玩家》记录了不少大玩家，如"五风楼主"王铁成、玩虫儿教授吴继传、玩虫儿大家王长友、玩罐名家"金针李"等。大收藏家王世襄早年就喜好玩葫芦、蝈蝈这些小东西，将这些世俗之物玩出了文化意味，继而喜欢上了收藏，后来成为大收藏家。王世襄不但会玩，还会写。由于对于传统文化了然于心，他能将国学文化融入收藏中，从藏品中发现前人所没有发现的美学价值和意义，特别是他对于明式家具的收藏、研究，对于推动世人认识明式家具、发现其价值所在具有重要意义，还掀起了收藏古典家具的热潮，其著作《明式家具研究》《明式家具珍赏》等备受古玩行家的喜爱和推崇。可见"玩"文化的巨大魅力。古玩是最具文化底蕴的可"玩"之物，那些大收藏家都在古玩收藏中获得文化知识、学识涵养，这一文化传统在当今北京收藏界也体现出来。那些收藏大家一般都是作专题收藏，专题收藏可以长期与同类藏品接触，能理清藏品的发展脉络，为真正成为这一行业的专家打基础。许多古玩行业的专家都是在系列收藏中获益，并著书立说。马未都就是最为成功例子之一，《马未都说收藏》成为各个电视台系列讲座中很受欢迎的节目，并以此讲座整理成为著作。可见在古玩行业"玩"出名堂的为数不少。北京的"玩"文化是其他地区所少见的现象，这样的文化为古玩交易市场营造了良好的氛围。

（二）古玩交易渊源深厚

北京的古玩交易由来已久。到元代北京被定为元大都后，其作为重要的经济、政治、文化中心的影响力与日俱增。元代虽然没有像宋代一样由官方设立的翰林图画院、翰林御书院等机构来进行书画的搜集整理，并专门招募供养专职书画师，但元代统治者崇尚中原文化，对于购求字画书卷、古籍图书不遗余力，那些富有文化内涵的珠玉宝石、古董玩器等也都是宫廷必需的装饰品和玩赏品，有民族风格的装饰品也吸引不少收藏者。北京就成了这些古玩交易的集散地，在当时的钟楼附近就出现了专卖古玩珍藏的沙剌市，分布着众多售卖古玩珍藏的店铺，近似后来的琉璃厂文化街。除了专门售卖古玩的街区，在城东旧枢密院角市这样的商业区里也有不少售卖珍贵的工艺品、珍奇宝贝的店铺。从而可以看出，在当时的北京城，不仅出现了专门的古玩交易街，在繁华的商业区也有经营古玩的店铺。

到清代时，北京在全国古玩交易市场的地位越来越重要，成了全国古玩交易的集散地。北京古玩经营品类繁多，有书画文玩、青铜器、珍宝玉器、瓷器杂项以及民间手工艺品等。交易中心除了琉璃厂这个众所周知的古玩交易街外，还有玉器街市，专营珠宝玉石，并承接玉器加工制作等业务。当时的荷包巷和绣花街等地区还经营来自全国各地的手工艺品，如刺绣、剪纸、泥塑等。除了店铺经营外，日常集市也是古玩主要的经营场所，在外城的东大市和西小市上，常有古董玩器售卖。庙市也是其重要的经营场所。清代沿袭了明代"赶庙"的风气，京城的土地庙、白塔寺、护国寺、隆福寺等都有定期或不定期的庙市。每逢开市，货商蜂拥而至，货摊就摆满了珠宝珍玩、锦绣华衣等。琉璃厂的古玩交易在初始时期也与庙会相关。按照京城风俗，每年初会在琉璃厂附近的厂甸举办庙会，吸引一些店铺和货摊集聚在这里，售卖一些玩具、杂货以及古董玩器等商品来招揽顾客。乾隆年间，《四库全书》的编纂让琉璃厂成为全国最重要的书肆一条街，后来琉璃厂书肆渐趋被古玩店铺所代替；琉璃厂的古玩交易行业开始兴盛，参与经营的人员除了古玩行业的商户、落榜举子外，还有朝廷官员、王公贵族。清末，琉璃厂成为著名的古玩交易一条街，店铺林立，奇珍异宝罗列其中，门前楹联、匾额多有大家风范。这里车水马龙，人来人往，朝廷官员一下朝，就来此游逛，文人学士到此寻找所需古籍文献，收藏家到此"淘"自己爱好的青铜玉器等，普通百姓到此游玩观景。琉璃厂此时不仅是古玩交易的重要场所，也是"京都雅游"之地。

清末到民国时期的政府南迁前，是琉璃厂的古玩交易非常繁盛的时期。现在的琉璃厂已经成为闻名于世的文化街，并发展成为琉璃厂文化创意产业园区。

（三）北京古玩交易市场的产业链完整

北京的古玩交易市场已经发展成熟，市场层次多样、商品品类丰富，可以满足不同层次的收藏者、投资者的需要。从古玩的搜求、收购到古玩的销售、鉴定等环节完备，北京古玩交易市场的产业链条已经发展得比较完整。

北京的古玩交易市场大体有以下几种：古玩城、旧货市场、文化街、文化市场等。古玩城是最为常见的，也是最近几年被推崇的交易市场类型。北京古玩城是最早成立的古玩城，也是在古玩交易行业最具影响力的行业标杆。它成立于20世纪90年代，是古玩城经营模式的先锋代表，后来出现的古玩交易市场多以古玩城的方式经营，如天雅古玩城、君汇古玩城、程田古玩城、佰汇古玩珠宝城、东方博宝古玩书画城等。其次是旧货市场，如潘家园旧货市场，是潘家园古玩交易商圈的核心企业，也是改革开放以后北京较早出现的古玩交易市场。在当时的条件下，国家对于古玩交易还没有明确的支持民间流通的政策出台，所以一般古玩交易以旧货交易的名义开展，但交易的商品基本是以古玩为主。后来在石景山区出现了北方旧货交易市场，在这一交易市场上，真正意义上的旧货才多了起来。再次是文化街。文化街经营古玩早在清时就出现了，琉璃厂文化街就是当时古玩珍宝、文房用品的经营中心，也是当今北京古玩交易行业的重要力量。最后，北京的古玩交易市场的另一个重要的空间就是在寺庙等地方形成的文化市场。庙会原本就与古玩交易市场有着很密切的关系，一些古玩的售卖就始于庙会。当代一些古玩交易市场还保留着这种形式，报国寺文化市场就是其中之一，市场分各门类馆藏、店铺、地摊等各种经营空间。

北京的古玩交易市场模式多样，经营空间不一而足。古玩城、旧货市场等交易市场的外在建筑与内在经营空间总是相辅相成的，除了外在建筑结构上存在着很大差异外，内部的经营空间也有很大不同。古玩城的建筑外观一般为以整栋建筑群为主，内部空间以店铺为主；旧货市场的建筑以围墙所围成的大院兼有内在建筑群为主，如潘家园旧货市场，这样的经营场所给地摊这样的经营空间提供了场地，因此潘家园旧货市场的内部经营空间有地摊、店铺等多种方式。

古玩交易市场在古玩交易产业链上发挥着重要功能，是连接消费者和商家的场所。商家经营的古玩不同于普通商品，一般不能批量采购。在货源这一环节上，商家所经营古玩来自各种渠道，从古玩交易市场"淘宝"是其中的一个主要方式。北京的古玩交易市场中的古玩层次丰富，吸引了来自全国的商家，他们带着各自地区的特色古玩集聚北京的古玩交易市场，古玩商可以在某些古玩交易市场定期地收购一些自己所需要的古玩。各大古玩交易市场还会定期或不定期举办一些供货会，如佰汇古玩珠宝城常常举办琥珀供货会，在一定程度上满足了北京乃至全国商家对琥珀的需求，该古玩城于 2014 年 11 月 29 日—12 月 8 日还举办了国际琥珀节。在当前古玩交易一级市场与二级市场界限不很分明的情况下，拍卖市场也是古玩商采购货源的地方，各大重要拍卖行如保利、瀚海、华辰等都在北京的古玩拍卖市场发挥着重要作用。

古玩交易市场"不找后账"的行业规则以及古玩的特殊性，致使行业的售后服务不同于普通商品，不能随便退换货。古玩交易过程中以及交易后就需要第三方来进行古玩鉴定，以保证古玩的价格与价值相符。在北京的各大古玩交易市场，都设有古玩鉴定机构，承接古玩交易市场内以及社会上的古玩鉴定工作，以便于古玩交易顺利进行。

北京的古玩交易市场在数量和规模上都首屈一指，不同的市场有不同的经营特色，都是北京古玩交易产业的重要组成部分，各自发挥着特有的功能，形成了古玩交易完整的产业链；并在当今文化创意产业的大趋势中，形成了重要的产业集聚区，将北京的古玩交易市场推向了更高的层次。

二、劣势（weaknesses）

（一）货源危机

北京古玩交易市场当前也面临一些危机，如货源减少。北京的古玩交易市场商品名目繁多，但纵观古玩交易市场经营的品类，真正意义上的古玩数量在减少，商户面临着缺少货源的尴尬局面。许多商户感叹现在值得收购的精品古玩太少了，与二十世纪七八十年代旧货交易兴盛之初有着天壤之别。改革开放初期，北京的福长街五条旧货一条街以及荷花市场开始交易旧货，其中不乏明代黄花梨、清代紫檀家具，价格不过百元左右，低得让人难以想象。现在，明清家具是收藏者趋之若鹜的收藏品，特别是精品家具，相比较二十世纪八九十年代，价位已经呈一飞升天的趋势。2014 年 12 月在北京保利拍出的明末清初黄花梨如意梅花四出头官帽椅成交价为 299 万元。瓷器亦如此，二十世纪八九十年代，"清三代"的高档瓷器并不算稀缺品；北京大规模拆迁时，也有大量的瓷器碎片出土，那时无人问津，而如今就是那小瓷片也成了宝贝，在报国寺文化市场的陶瓷馆就有专营北京瓷片的店铺。可见，如今的北京古玩交易市场的货源与二十世纪八九十年代已经不能同日而语。以前的拍卖市场被收藏者认为是"捡漏"的好地方，但现在古玩商用拍卖公司成交的拍品再倒手而获利的机会少了。因为古玩商不同于收藏家，收藏家收藏一件古玩，除了看中其能保值增值外，更重要的是看中该古玩的艺术水平、历史价值，甚至是对于某件古玩的感情因素，而商家所看重的是古玩是否有升值空间和可以获利的机会。在珍贵拍品越来越被藏家重视的今天，想在拍卖市场"捡漏"越来越难了，这也是古玩的货源危机的表现。另一个表现是古玩的价格越来越让普通收藏者难以接受，近几年多项文物拍出天价，除了其本身的艺术、历史价值等方面的因素，一个重要的原因是物以稀为贵。古玩不是能批量生产的，留存在市场的数量在不断减少，供需难以平衡。在供不应求的情况下，珍贵文物市场处于卖方市场，其价格就会越来越高。

古玩货源出现危机的主要原因有以下几点：首先，人们的收藏意识已经觉醒，越来越意识到了古玩的艺术价值以及经济价值。以前许多商家到农村收购古玩，现在想在农村"淘"到宝贝也不容易了。一方面，大家都知道古玩的稀有性，不愿意出让；另一方面，当前收藏者在弄不清楚古玩的具体价格时，一般会把价格抬得很高，使收购者没有营利空间，而且对于收藏者来说，一旦拥有了心仪的藏品，便不会轻易出手。目前大量高档古玩已被收藏家所得，除非特殊情况，或等收藏家终老之时，一般收藏家不会将藏品转手，因此市场上流通的古玩越来越少。其次，北京古玩交易市场是全国最重要的交易市场，各地的古玩商、收藏者都到这里淘宝，与京城的商家争夺高档货源，这也是京城古玩交易市场的货源出现危机的原因。最后，许多商家把目标转向了海外市场，希望把曾经流失海外的古玩重新收购回来，但是面临着海外回流文物高额税费等问题。商家会权衡其中的利弊，若颇费周折却没有营利空间的话，他们一般也不会用这种方法争取货源，因而海外回流文物也很难解决目前整体市场面临的货源问题。

（二）市场经营的古玩价格与价值不符

古玩交易市场的制伪现象越来越严重，市场上存在着许多仿品、赝品，这些所谓的"古玩"却被当成真品甚至精品售卖。在信息不对称的古玩交易市场，这些价值与价格不符的古玩是存在的。古玩制伪现象古已有之，而在当代，借助先进的科学技术，制伪之风益加严重。随着社会的发展，人们对于古玩的认识不断提高，收藏队伍不断壮大，而且每年都呈递增趋势。但古玩具有不可再生性、稀缺性的特点，古玩精品早已被大的博物馆收藏，收藏家持有的古玩也都待价而沽，不肯轻易出手，所以市场上流通的古玩精品越来越少。在供求不平衡的情况下，加上古玩真假鉴定的难度大、商家受利益驱使等因素，导致了古玩市场以假乱真、以次充好现象的泛滥。以玉器为例，当前古玩交易市场出现一些假籽料，是用玉粉和黏合剂混合后伪造而成的，也有直接用其他原料充当玉石的现象，如用乳化玻璃块假冒白玉、用唐河石冒充黄龙玉等。

批量生产的制假作坊也屡见不鲜，行业内的"河南造""新疆造"，就是指这些地区的玉器造假工厂生产出来的伪玉器。制假在地域上也具有一定的特点，这些地区一般是这些古玩品类最为兴盛的地区。一方面，制假作坊可以依赖这里有利的技术、厂房、客户源等条件；另一方面，这些地区就是某些古玩的货源地，会给一部分消费者造成判断上的干扰。比如江西景德镇、福建龙泉等地是陶瓷的主要产地，都具有悠久的历史，而那里也是仿制古瓷器和批量生产做旧瓷器的主要地区；新疆、河南等地是玉器加工的主要地区，同时也分布着众多古玉造假作坊；其他的古玩品类也存在制假作坊。这些作坊的产品大量流入北京、上海等一线城市的古玩交易市场。商家将仿品与真品混合在一起出售，或以高价售卖那些制假作坊的价值低的产品，导致大量古玩的价值与价格严重不符。

在信息技术飞速发展的今天，尽管信息的传播速度及广度已经超乎人的想象。但在古玩交易行业，交易信息的透明度还是不高。古玩这一商品本身具有一定特殊性，真正判断其价值所依赖的理论知识以及实践经验，需要专业人员通过长时间的努力才能获得，使得在这一交易市场中仅有部分人掌握其价值的秘诀，因此古玩交易市场是典型的信息不对称市场。一般情况下，商户对古玩的信息的了解程度总是多于购买者，那些没有诚信的商户就有了欺骗购买者的机会，将并没有什么价值的赝品或仿品当成价值高的真品出售，致使古玩的价格与价值严重不符。而购买者在对古玩信息不了解，又难以判断古玩的价值的情况下，就容易上当受骗。这既严重损害了消费者的利益，又破坏了古玩交易市场的秩序。

三、机会（opportunities）

（一）国民收入的增长为古玩交易市场的发展提供了条件

随着我国国民经济的发展，人们开始追逐更高层次的需求——精神方

面的需求。各行各业的人为了实现精神追求（如高雅的品位），或显示身份
地位，也成为收藏家中的一员：似乎企业家不在办公室挂张字画，就不能显
示自己的财力和品味；某些演艺明星为了显示自己具有文化内涵，或者本身
就爱好古玩，也都热衷于收藏。许多人还成为当代重要的收藏家或古玩交易
市场的经营商。在市场中，人们对于古玩有了一定的需求，但并不一定都像
企业家、演艺界明星一样有经济实力去购买。市场的发展终究不能只依靠部
分消费者，而是要依靠能把社会上的潜在客户变成现实客户的社会整体购买
力。古玩的消费支出与家庭中食物支出占家庭总收入的比例相关，19 世纪德
国统计学家恩格尔就提出了这个问题。他将食物支出与家庭总支出的比值，
即食物支出占家庭总支出的比例定义为恩格尔系数。根据恩格尔系数，用于
购买食物及其他文化精神消费品的比重与家庭收入相关，用来购买食物的费
用与家庭总收入成反比；也就是说，家庭收入越少，用于食物支出的比重就
越大，反之则越小，而用于其他方面消费，特别是文化艺术等方面的消费的
比重就越大。推而广之，这一比率关系对一个国家、一个地区来说也是如
此。根据国际艺术品市场发展的经验，当一个国家的人均 GDP 超过 3 000 美
元的时候，人们会表现出一定的收藏意愿，当达到 5 000 美元的时候，参与收
藏的人数就会出现大幅增长的趋势。而到 2012 年底，我国人均 GDP 已经超
过 6 000 美元，而 2012 年北京市的人均 GDP 已超过 10 000 美元。随着国民
收入的增长，人们的消费需求发生了变化，人们用于食物方面的支出的费用
所占比重下降，将更多的支出用于文化和精神文明的消费。人们在艺术品方
面的投资越来越多，这成为艺术品发展的重大机遇，也为古玩交易市场的发
展提供了条件。

（二）古玩交易产业优势成为交易市场发展的助推器

文化创意产业为古玩交易市场提供了新契机。北京潘家园古玩艺术品交
易园区、琉璃厂文化创意产业园区先后被北京市文化创意产业领导小组挂牌
认定为市级文化创意产业园区。产业化已是古玩交易市场发展的必然趋势，

而北京古玩交易产业化具有文化、人力资源等方面的优势。

古玩是历史遗留之物，是时代的文化语言符号，富含文化底蕴。古玩收藏者把玩收藏它们，发现其中的文化奥秘，体会其文化魅力，似与古人对话，在这过程中修养身心。古玩交易行业作为文化创意产业中的一部分，文化因素是其基本要素，没有文化特征，就不能称其为文化创意产业。北京这座具有悠久历史的古都，在文化历史等方面都具有其他地区所不具备的优势。这里不仅古迹众多，而且人文荟萃，众多文人雅士曾在这里居住：报国寺里的顾亭林祠是一代大思想家、大学者顾炎武曾经在这里研习学问的见证，琉璃厂里也曾有鲁迅与店铺老板交谈的身影。他们留下了大量书卷墨迹、文学巨著等文化财富。这些丰富的历史文化资源作为古玩交易产业化道路的珍贵资本，为古玩交易产业赋予浓烈的文化品质。

文化创意产业的突出特点是创意，创意性思维是内在知识的表现，需要充分发挥人的创造力。北京在人才方面的资源优势明显：一方面，北京为高等院校毕业生提供的发展空间、工作机会等都较二、三线城市更多；北京的社会保障、医疗资源等对许多毕业生都极具吸引力。另一方面，对于艺术品市场来说，这里各大艺术院校以及中国国家画院、北京画院美术馆等艺术机构较为集中；中国国家博物馆、首都博物馆、中国美术馆等国家文化服务机构，以及众多民营美术馆承担着文化宣传的功能，大量最前沿的展览信息、国际艺术咨讯等从这里发出。在北京可以更直观地看到最新的艺术品市场的发展状况，以及国际艺术品市场的发展态势、收藏趋向等，这都为那些文化艺术领域的学子们提供了较其他城市更多的资讯和信息。每年的应届毕业生中，有80%的北京生源都希望能留京工作，此外还有京外生源也纷纷涌入北京寻找发展机会。目前北京的人才结构从年龄上来看，相对比较年轻化，而且在学历层次上略高于全国平均水平。

因此，古玩交易产业化作为艺术市场中的新经济增长点，在文化、人才等方面较具优势，这将为古玩交易市场的进一步发展产生助力。

（三）北京古玩交易市场在行业竞争中占优势

北京古玩交易市场在行业竞争中占据一定的优势，主要有以下原因：首先，北京是全国的政治、经济、文化中心，是国家最高行政机关的所在地，文化艺术的最高管理机构也在这里，是国家文化艺术行业的风向标，这里发布的消息影响着全国的文化艺术发展方向。最早命名为"古玩城"的交易市场就出现在这里，此后全国才相继出现了以"古玩城"命名的古玩交易市场。因为在国家对于古玩的民间交易政策不明朗的情况下，没有其他地方能首先打破常规，而北京就可以借助先天优势地位，率先示范，这是其他地区所不具备的条件。其次，古玩这一特殊商品，富有文化意味，具有稀缺珍贵的特点，属于收藏品和奢侈品的产品范畴，已经远远超出了人类满足生存需求的产品范围，面向具有一定的经济实力和文化水平的潜在客户和现实客户。北京的首都地位以及丰厚的政治文化基础和经济实力，都决定了这里具有古玩等艺术品的市场潜力，其消费水平及消费规模居全国之首。北京是演艺明星、企业家以及文化艺术名流的集聚地，经济实力雄厚的他们是这些高档商品的消费群体。收藏古玩不仅可以显示自己的经济实力和独特的文化品位，而且古玩可以保值增值，抵御通货膨胀；在急缺资金时，还可以通过拍卖行、古玩交易市场等平台转让，以解燃眉之急。在北京，无论商界精英还是文化名流都喜爱收藏，许多人专门成立陈列古玩的俱乐部供圈内朋友交流赏玩。这些消费群体为北京的古玩交易市场的发展打下了基础。

四、威胁（threats）

（一）拍卖市场的快速发展使古玩交易市场面临压力

北京的古玩交易市场虽然在各方面拥有很大的优势，但也面临很大的威胁。在当前的艺术品市场，一、二线市场倒挂现象严重，古玩交易市场也不例外。古玩交易市场是信息不对称的市场，"不找后账"的行业规则既维护了市场的稳定，也为不法商人故意造假、贩假创造了空间。在许多客户眼里，拍卖市场可以提供更多的透明信息。而对于投资者来说，藏品直接进入拍卖市场可以有更大的获利空间。这些因素都造成拍卖行业较古玩交易市场更具优势。近年来拍卖行业发展快速，全国的文物艺术品拍卖企业逐年增加，《2013 中国文物艺术品拍卖市场统计年报》统计结果显示："截至 2013 年底，全国具备文物拍卖经营资质的企业 382 家，注册资本金总额超过 46.85 亿元，从业人员 6 564 人，上述项目分别较 2012 年增加 27 家、4.03 亿元和 380 人。文物艺术品拍卖业的规模呈持续增长趋势。""北京地区文物拍卖企业 130 家，从业人员 2 050 人。年度内上拍 336 247 件（套），成交 184 821 件（套），成交额 243.61 亿元，占全国市场总成交额的 69.41%。相比 2012 年提升了 2.43 个百分点。此外，北京地区高价作品数量最多，1 000 万元以上的成交作品高达 187 件（套），占比 80.60%。"①拍品的品类也很多，涵盖中国书画、瓷器杂项、油画及当代艺术品、古籍碑帖、邮品钱币、珠宝玉石、当代工艺品等各个门类，拍卖市场在艺术品市场的地位逐渐凸显。而且在文物艺术品拍卖市场屡屡爆出天价成交的拍品，过亿元拍品的成交已经不再让人震惊。仅 2013 年香港苏富比拍卖会上就频现亿元拍品，一尊明永乐鎏金铜释迦牟尼佛坐像以 2.364 4 亿港元成交，明成化青花缠枝秋葵纹宫碗以 1.412 4 亿港元成交。2014 年在香港佳士得秋季拍卖会上，大明永乐年御制刺绣红夜摩唐卡又以 3.1 亿港元落槌。而千万元成交的拍品已属拍卖会常态，2013 年的文物艺术品的拍品成交价超过千万元的共计 232 项，其中主要以中国古代及近现代书画、瓷器杂项、古籍善本为主，占总拍品 80% 左右的份额，而油画、当代艺术品等其他类别的仅有 46 项，仅占不到 20% 的份额。从拍品的成交价上来看，均价最高的品类也是古代书画，高达 37.76 万元每件（套）。文物艺术品拍卖市场的佳绩频现，鼓舞了一些收藏家、投资者，推动了拍卖行业的发展。二线市场的快速发展已经使古玩交易市场出现一、二线市场倒挂的现象，使一线市场面临很大压力。

①中国拍卖行业协会艺委会.2013 中国文物艺术品拍卖市场统计年报［R］，2014.

（二）法律法规上的缺失导致古玩交易市场问题滋生

1. 没有专门针对古玩交易市场的法律法规

市场要健康运行，离不开法律的规范。古玩交易是一个古老的行业，但至今没有专门针对古玩交易市场管理的法律条例，与之最相关的法律主要有《中华人民共和国文物保护法》《美术品经营管理办法》等。但《中华人民共和国文物保护法》不能真正在古玩交易市场发挥应有的作用。古玩交易市场的交易品类繁杂，并不都是文物，大多数商品不符合该法律规定的范畴。该项法律规定了文物民间流通的渠道，并对文物商店、拍卖公司如何获得经营资质以及经营文物的审核做了规定，主要针对古玩交易市场中具有文物经营资质的极少数文物经营企业，但并未对古玩交易市场整体的管理经营做出相关规定。另一部与古玩交易市场相关的法律是《美术品经营管理办法》，该办法仅仅针对古玩交易市场的部分美术作品，无法涵盖古玩交易市场交易的所有品类。目前还没有条例涉及古玩交易市场的经营管理规范、鉴定体系等方面，无法用该法律来制约当前的古玩交易市场的经营行为。

2. 没有具体的法律法规规范古玩交易市场的鉴定系统

鉴定是古玩交易市场中的重要环节，但当前没有一项法律法规对鉴定机构、鉴定人员准入资格、鉴定程序以及鉴定结果的法律责任做出规定。《中华人民共和国文物保护法》第六章第六十一条规定："文物出境，应当经国务院文物行政部门指定的文物进出境审核机构审核。经审核允许出境的文物，由国务院文物行政部门发给文物出境许可证，从国务院文物行政部门指定的口岸出境。"也就是说，出境文物必须由这些部门鉴定，以确定是否符合出境资格。这从法律上明确规定了进出口文物的鉴定机构是国务院文物行政部门，也就是国家文物局等文物保护单位，但没有对民间流通的文物的具体鉴定机构做出相关规定。因此，参与鉴定的机构繁杂，性质多样，有国有企业，也有民营企业；参与人员也很庞杂，有文物鉴定委员会成员、国家机构研究人员，也有对某个领域的收藏颇有经验的收藏家，以及相关行业的从业人员等。不但在鉴定机构和人员上没有确切的法律条例做出相关规定，在鉴定过程上也没有相应法律规范来对其进行监督，更没有对鉴定结果应负的法律责任做出明确规定。

因此，在古玩交易市场，无论是市场管理还是鉴定系统方面几乎都处于法律真空状态，这就很容易滋生问题。

第二节　北京古玩交易市场发展策略

通过对北京古玩交易市场的 SWOT 分析可以看出，北京古玩交易市场有很多优势，诸如丰厚的文化底蕴、交易历史，以及完整产业链条等，在许多方面都具有极强的竞争力和市场机遇。但也存在着许多问题：从市场内部来说，古玩交易市场的货源已呈现不足的趋势，市场上制伪现象严重；从外部环境来说，拍卖行业的飞速发展让古玩交易市场面临压力；国家法律法规方面的缺失也导致市场管理以及鉴定机制等不规范。当前，我们应从诚信体系的建设、自我道德约束、相关法律规范的确立、收藏者自身收藏素养的提高等几个方面来规范当今古玩交易市场，保证其健康稳定发展。

一、从多层面构建古玩交易市场诚信体系

在商品经济日益发达的今天，人们的物质文化生活水平不断提高，而社会道德危机却一步步向我们逼近，也影响着人们的日常生活安全，如食品安全问题、环境污染问题等。市场经济的大潮已经让人们的价值观念发生了深刻变化，以自我经济利益为核心的观念充斥着市场经济的各个角落。对金钱的盲目追逐让许多人利令智昏，并波及艺术品市场领域，导致艺术品经营背

离了满足人们的精神需要这一追求，而被商品经济的大潮所淹没，违背了商家所应遵守的道德规范。随着中国艺术品市场的不断发展，越来越多的人加入到收藏队伍中，古玩交易市场越来越活跃，但在古玩给人们带来经济效益和审美愉悦的同时，也出现了许多道德方面的问题。古玩本是人类精神消费的产品、应从审美的角度来欣赏的艺术品，而如今有些人却不是为了满足精神消费的需要去收藏、鉴赏古玩，而是为利润而制假贩假，这是社会道德缺失所造成的后果。伦理道德这一社会意识形态属于上层建筑的范畴，它建立在一定的经济基础之上，又反过来影响社会经济生活。因此需要从道德层面来构建交易市场诚信体系，净化古玩交易市场环境，以解决古玩交易市场存在的问题。

第一，政府管理部门要从宏观政策的角度建立完善的信用管理体系。一方面，要通过政府强制性的政策来规范、约束市场行为，加大商家、鉴定机构的失信成本，强化相关从业者的诚信观念。建立信用档案登记机制、失信惩罚机制，并利用信息技术的成果，在网络平台公开查核结果、信用记录，建立良好的市场信用基础。通过有效的管理机制，建立市场信用监督制度，加强信息公开、资讯披露的及时性，使市场信息公开透明，将市场信息不对称的影响降到最小，促进市场诚信机制发挥有效的作用。另一方面，要通过宣传教育引导古玩商家培养诚信经营的意识，起到预防信用风险的作用。古玩不同于普通的商品，主要体现的是文化、艺术及历史的价值。因此，在发挥古玩交易市场对经济的推动作用的同时，遏制古玩交易市场交易的过程中出现的伦理道德的问题，发挥古玩的艺术价值对人们精神品质的再塑造作用，对当前的社会经济建设具有重大意义。商户的道德伦理建设是一项十分紧迫的工作，对于古玩交易市场的规范化运作发挥着至关重要的作用。政府部门要加强商业伦理道德的宣传，弘扬儒家伦理文化的"仁、义、礼、智、信"的道德观念，特别是儒家伦理文化的"义利观"，使古玩交易市场经营者以诚信经营为基本原则，以"义"取利，不要见利忘义，为古玩交易市场的诚信体系建设建立基础。

　　第二，要建立商家自觉诚信经营的理念。古玩的特殊性以及"不找后账"的交易规则也决定了交易市场的伦理道德问题具有隐蔽性。古玩商家是连接古玩收藏者与市场的桥梁，掌握着古玩的进货渠道、价格等信息，在市场信息方面处于有利地位，是古玩交易市场活动的主体。因此，古玩商家在经营过程中是否能自觉诚信经营是古玩交易市场诚信体系建设的关键。一方面，古玩商家在经营过程中，要自觉考虑道德伦理因素，加强自查行为，时常自觉核查其行为是否符合道德标准，如有没有违反法律的行为，有没有只是考虑短期利益而不顾长远利益的经营决策。商家在自我道德核查中要树立高度的诚信意识和社会责任感，维护古玩交易市场的经营环境，在经济主体和道德主体上实现统一。另一方面，商家要自觉向消费者做出质量承诺，树立诚信经营的形象以维护商家的利益，减少制假售假对交易市场的危害。在古玩交易市场这样一个信息不对称的市场，制假造假行为会对整个市场造成很大的危害，导致"柠檬市场"的形成，以至于那些诚信经营的商家也成为牺牲者。尽管在古玩行业，有"不找后账"的潜规则，那也是因古玩的特殊性才在行业内形成的规则，最终是为了维护古玩行业的市场秩序。当有的商家用这一行业规则来肆无忌惮地造假贩假的时候，就属于故意欺诈行为，严重地侵害了消费者的利益，不利于市场稳定，这已不属于行业规则的范围。对于那些诚信的商家来说，却没有能力来制止交易市场的这种行为。对自己所出售的古玩的价值给以一定的承诺，并承担不遵守承诺的后果，比如退货、换货等，这种做法将可以为那些诚信的商家提供一定的市场机会。这样的承诺如果落到实处，也会抑制制假贩假行为的发生。那些制假贩假的商家不敢做出这样的承诺，因为他们要想用高价出售价值不高的古玩。根据古玩交易双价模型，制伪需要一定的成本，如果他们承诺价值与价格不符就可以退货并赔偿的话，那么当收藏者以高价购买了价值低的古玩后，商家将赔偿相应的差价，加上制伪成本，商家将付出很高的代价。而那些诚信经营的商家就会因不怕退换货以及赔偿而做出承诺，在市场中会占据优势。对消费者来说，这种承诺也会给消费者一个售后保障，不用担心信息不对称给他们造成太大的损失，避免交易市场出现消费者"逆向选择"的行为，提高市场效率。

二、制定相关法律法规来规范古玩交易市场行为

当前法律的空白给古玩交易市场的不道德行为以可乘之机，因此要制定针对古玩交易市场发展的法律法规，使市场有法可依、违法必究，杜绝造假制假行为，维护市场秩序。通过对古玩交易双价模型的分析可以看出，商家要将价值低的古玩以高价出售的话，必须对其进行一定的伪装，要花费一定的成本。制止商家的这种行为，就要加大伪装的成本，当伪装的付出所获得利润远远低于不进行伪装出售而获得利润的时候，商家就会减少进行伪装的意图。这个成本既包括伪装改造所需的人工、材料费用，也包括事后被追究法律责任所付出的代价；因此，从法律上来规范古玩交易市场的行为，是保护消费者权益、维护市场公平的主要途径。但当前与古玩交易市场相关的《中华人民共和国文化保护法》《美术品经营管理办法》在规范古玩交易市场的行为方面发挥的作用有限，建议制定具有针对性的法律，如"古玩交易市场管理条例"，加强对古玩艺术品经营活动的管理，保护经营者、消费者的合法权益。要对从事古玩艺术品经营的商家实行审批制度，进行资格审查。对于符合商家经营范围的和禁止经营的古玩做出详细的规定，属于文物保护范围的文物公司依照《中华人民共和国文化保护法》的规定从事经营。对从事古玩经营的企业在经营管理制度方面也要用法律的形式加以规定，以推动交易市场的经营管理制度不断健全，如要明确说明交易市场经营的古玩的来源和价格等，帮助消费者判断价格是否合理。

古玩交易市场另一个重要的部分是鉴定评估。古玩真假难辨、价格高低难判是市场出现道德问题的重要原因。专家的鉴定评估就是解决这一问题的重要途径，对规范古玩交易市场发挥着重要作用。但古玩交易市场的鉴

定评估却存在着一定的问题，因此必须通过相关法律法规来将其制度化、规范化。建议制定"古玩鉴定从业人员行业准则"这样的法规，并在以下几个方面做出规定：首先，对鉴定机构的成立和管理做出相关规定。只有符合规定，并通过审核要求的鉴定机构才能从事鉴定工作。其次，建立鉴定机构人员准入机制。对于加入专业鉴定机构的人员实行考核制，只有符合要求并考核合格者才能加入，并限定其鉴定范围或领域。而且对鉴定人员要定期考核，不仅考核专业能力，还要审核信用记录，如果发生信用不良记录等，取消鉴定人员资格。鉴定人员从事鉴定的工作程序，查找的参考文献、历史资料要一一记录，以作为鉴定结论的依据，最大限度消除鉴定工作中的主观因素，使鉴定结论具有权威性、有效性，使鉴定结论真正成为古玩艺术市场经营活动的重要依据。最后，要对鉴定结果需要承担的法律责任做出明确规定，加强对鉴定人员的责任追究。

三、不断提高收藏者素养

收藏者的素养是指进行收藏时的理性、技能以及对艺术品的审美鉴赏能力。古玩是文化艺术品，古玩收藏者要具有一定的艺术欣赏水平和鉴定知识，在收藏时还要根据自身条件，有计划性、系统性地进行。不具备一定鉴赏水平的收藏者，或者盲目的、无计划的收藏者，面对古玩交易市场这一典型信息不对称市场时会处于被动状态，甚至遭受重大损失。

（一）收藏者要提高自身鉴赏水平

通过古玩交易双价模型的分析可以看出，市场要实现成功类型的均衡，就要从根本上减少信息不对称。完全成功的市场均衡的基础是使伪装一件古玩的成本高到超过交易价格，因为这样的伪装是没有意义的。而要让商家提高这些成本，需要收藏者有一定的鉴赏水平，当收藏者的鉴赏水平能完全辨识简单伪造的古玩时，商家要想欺骗收藏者就需要对古玩进一步的伪装。比如在家具市场中，常见的家具伪造方法，多有大改小、长改短、高改矮、宽改窄、厚改薄等手段。但如果收藏者提高自身鉴赏力，这种无须花费太多改造费用的方法就会暴露出来。比如高椅子因为其腿坏了，就用简单的方法，将腿锯短变成矮椅，这样的改造会给人明显的不协调的感觉，只要有一定的鉴赏力就可以识别出来，而对于那些不具备这些基本鉴赏力的人来说，就容易上当受骗。如果收藏者整体的鉴赏水平提高了，这种简单的改造就不能蒙骗收藏者，商家要想办法做进一步的伪造，对这把椅子从上到下进行整体改装。而这一行为将花费很大的成本，甚至超过卖价，这将会让商家变得无利可图，从而会自动放弃以残次品冒充精品、以新充旧和批量生产做旧古玩的行为，定出和古玩价值相符的价格，市场自然会实现最理想的完全成功类型的均衡。收藏者的眼力即使达不到"火眼金睛"的水准，市场即使无法实现完全成功类型的均衡，但当古玩交易市场收藏者整体具备一定的鉴赏水平时，他们获得的消费者剩余整体上也是高于其损失的；也就是说收藏者有"打眼"的时候，但也有"捡漏"的机会。当"捡漏"为收藏者带来的效用可以弥补其"打眼"时的损失时，收藏者就会对市场抱有信心，继续积极地活跃在市场上，市场就能实现部分成功类型的均衡。可见，收藏者提高自身鉴赏水平，学习鉴定知识对于古玩交易市场的发展是很重要的。

在古玩行业有句俗话叫"做熟不做生"，其实就是基于这个道理，收藏古玩要具备一定的鉴定经验，而且这是要经过长时间的不断努力才能获得的。古玩体系博大精深，一般收藏者在某个品类里有所建树就很了不起。因此，收藏者最好几十年如一日地坚持在某个领域里进行收藏活动，而不要不断地变换领域，盲目在没有鉴赏能力的领域里收藏。在不熟悉的领域里收藏或投资是古玩行业大忌，而许多收藏者就是因为这个原因损失惨重，比如当今古典家具收藏领域的时尚收藏者。这些收藏者大多经济实力雄厚，热衷于追求高质量的生活，因而他们中的许多人都盲目地进入古典家具的收藏领域，但他们对这一行业不具备鉴赏能力，并不像他们经营的事业一样得心应手，在收藏过程中"打眼"是难免的。

（二）收藏者要在理性思维指导下有计划地进行收藏

首先，收藏者要对自己的收藏有一个良好的定位，确定大致的收藏范围，然后根据自己的条件，诸如经济实力、鉴定能力等，对自己的收藏体系做一个规划。实力雄厚且对某一类藏品具有很高的鉴赏能力者，可以选择自己擅长的品类进行体系收藏。当然收藏并不是一定要在经济能力很强的情况下才能进行，经济实力一般的也可以选择自己喜爱的领域，坚持下去。但也不要无原则收藏，要为自己的收藏领域做一界定，即使藏品暂时不成体系，也要以某个体系的藏品为主，这样既可以不断提高自己的鉴赏能力，也可以不断丰富同一体系的藏品。并不是所有收藏家都是在具备了很强的经济实力的基础上才开始收藏的，许多大收藏家都是在经济不很富裕的情况下开始收藏的。中国著名的收藏家、鉴赏家王世襄在开始收藏时，无论是家庭背景还是个人经济实力，都不具备收藏条件，但是他依然坚持到地摊上去"淘"，在不断的积累中提高了自身收藏素养，成为具有影响力的收藏家。

其次，收藏时机是很重要的，"机不可失，时不再来"。古玩在交易市场的流通周期较长，短时间变现能力弱。藏品一旦被收藏，许多收藏者除非特殊情况，一般要收藏至终老之时，藏品才有可能在市场上再次流通。因此，对于喜欢的藏品要提前下手，当某一收藏领域还未被大多数收藏者发现其价值时，好像是荒芜之地，其实是未来宝藏。一方面，可以尽快将喜欢的藏品收入囊中，不至于被其他收藏者雪藏；另一方面，早期收藏的藏品价格很低，精品多。20世纪70年代，在中国还没有对古典家具产生兴趣的时候，海外藏家已经发觉了它们的价值，不断来华以低价收购了大量的明清精品家具。到20世纪80年代，随着王世襄编著的《明式家具珍赏》的出版，国内对家具收藏的关注开始多了起来。20世纪90年代，中国古典家具研究会正式成立，对古典家具的研究越来越深入，其价值也越来越被看好。自此，古典家具收藏才逐渐被国人所重视。从古典家具的收藏历史可以看出，早期进入该收藏领域的收藏家都以很低的价格收藏到明清精品家具，因为当时没有人知道它的价值，更没人愿意花费高额成本去仿制、制伪。特别是在"文革"的特殊时期，古董家具属于"四旧"对象，成为人们想废弃的东西，因此那时候收藏古典家具是最好的时机。

最后，目光要长远。在当前各个收藏领域都已经很成熟，收藏家可以说已经"无孔不入"的情况下，如何打开收藏的大门呢？收藏者要开阔眼界，打破常规，不要把眼光局限于当前的热门藏品。比如，当下收藏界对古典家具的收藏重视材质这一基本要素，红木家具、紫檀家具的收藏备受推崇，而柴木家具因材质档次不高，不受收藏界欢迎。但随着森林资源的匮乏，以及多元美学思想对当代美学观念的影响，柴木家具也是有一定的收藏潜力的，其收藏价格又相对不高，对于那些经济实力不强的收藏者也是不错的选择。

总　结

～～～～

　　北京作为我国首都，在文化、经济等方面为古玩交易市场奠定了基础。凭借先天优势及有利的文化政治氛围，北京早在元代就有专营奇珍异宝的一条街，到清末民国初期，琉璃厂成为全国古玩交易中心，也成了平民士子、达官贵人的雅游之地。琉璃厂的繁荣与宣南文化具有很大的联系，宣南文化是琉璃厂附近文化雅士不断集聚的原因，而琉璃厂的兴盛又促成了宣南文化的繁荣。宣南文化是深入到北京人骨子里的文化情怀，以至于在当代仍然发挥着一定作用。如今的北京南城仍是古玩交易的重要商圈，不仅琉璃厂文化街已经成为名扬国内外的文化商业街，以潘家园为中心的古玩商圈，也集聚着大量古玩城、旧货市场等古玩交易市场，如潘家园旧货市场、北京古玩城、天雅古玩城、佰汇古玩珠宝城、弘钰博古玩城、程田古玩城、东方博宝古玩书画城等。除了这两个重要交易集聚区外，其他几个城区也分布着一些古玩交易市场，如爱家国际收藏品交流市场、通州古玩城、宋庄古玩城、北京博古艺苑工艺品市场等。

　　北京古玩艺术品交易市场已有上百个，其中重要的有40多个，其区位分布也有一定规律，具有集聚效应，多分布于朝阳区、西城区等城区。这主要是古玩交易历史渊源、北京市政府在城区功能上的规划，以及各个城区在古玩交易行业政策上的重视程度不同所导致的。而其他城区的古玩交易市场却没有形成集聚态势，呈散点状分布。有的城区零散地分布着个别古玩城，也逐渐向古玩交易集聚区转移，如丰台区的分钟寺古玩城渐渐地分散成古典家具、古玩杂项等几个部分，转移到集聚能力强的古玩交易商圈。

北京的古玩交易市场模式多样，有旧货市场、文化街、古玩城等。交易市场的经营空间也是多元化，传统的店铺模式在交易市场中占主要地位，地摊模式也一直备受大众喜爱。古玩产易市场在不断发展中，从旧货市场扩大到古玩城，从室外地摊发展到室内地摊。随着信息化时代的到来，网络交易也成了交易市场的重要经营空间。众多交易市场都在网上设有网上商城，众多古玩商家都有网店。古玩交易的新型经营空间——古玩会所也成了各大古玩城的新宠，许多古玩城都专设古玩会所。在北京古玩交易市场里交易品类齐全，珠宝玉石、瓷器杂项、书画、古典家具、铜器佛像、古籍书刊、文房清玩、红色藏品、古钟旧货等，一应俱全。北京古玩交易市场是全国重要的古玩交易集聚区，在全国古玩交易市场中占有很重要的地位。

北京古玩交易市场之所以能成为全国古玩交易的集散地，并在这一行业中占有重要地位，主要与内部优势与外部机遇有关。从内部条件来说，北京历史悠久，文化、人文资源丰富，这些有利条件为北京古玩交易奠定了基础；加上北京古玩交易由来已久，专营的文化街在元代就已经初露端倪，发展到当代，北京的古玩交易市场的产业链已经很完整。从外部机会来说，当前我国国民收入的增长为艺术品市场的发展提供了动力，北京古玩交易产业化优势成为交易市场发展的助推器，北京古玩交易市场在该行业竞争中占有优势。

当然北京的古玩交易市场也存在着一些问题。有些问题是古玩交易这一特殊的行业所产生的。古玩交易市场是典型的信息不对称市场，在这种情况下，对于交易市场的信息的掌握是决定交易双方谁能在交易中占据优势的决定因素，而古玩的真假问题是交易信息的关键，仿品与精品、赝品与真品之间的价格差距很大，而交易双方对于这些信息的掌握并不是均衡的，拥有的信息较多的一方就有可能利用所获得的信息来获取利益。古玩交易市场有"不找后账"的行业规则，也会为某些不良商家的不道德行为提供借口，有的商家会依靠自身的信息优势来欺骗消费者，甚至有的商家制造假货来冒充真货，以谋取巨额利益等。除此之外，北京古玩交易市场真正意义上的古玩数量的减少也引发了货源危机，市场经营的古玩存在价格与价值不符的现象。外在的竞争及环境的威胁也依然存在，如拍卖市场的快速发展使古玩交易市场面临压力，法律法规的缺失导致古玩交易市场问题滋生等。

通过对北京古玩交易市场的 SWOT 分析，可以看出其存在着一些问题，这些问题应该引起重视。本文认为要从诚信体系的构建、相关法律法规的制定、收藏者不断提高自身收藏素养等几个方面出发，真正从根本上来解决当前北京古玩交易市场的问题。首先，要多层面构建古玩交易市场诚信体系。这主要依靠两个方面的努力：第一，政府管理部门要从宏观政策的角度建立完善的信用管理体系。一方面，通过政府强制性的政策来规范、约束市场行为，加大商家、鉴定机构失信成本，强化古玩交易市场诚信观念。另一方面，要通过宣传教育引导古玩商家培养诚信经营的意识，起到预防信用风险的作用。第二，要依靠商家的自我约束，树立诚信经营的理念。其次，要制定相关法律法规来规范古玩交易市场行为。一方面要制定相关法律以约束古玩交易市场的经营管理行为，另一方面要运用相关法规来规范古玩鉴定机构或个人鉴定行为。最后，收藏者要不断提高收藏素养。收藏者要提高自身鉴赏水平，在熟悉的领域进行收藏，不要盲目跨界收藏；要在理性思维指导下有计划地收藏。收藏者要根据自己的条件，诸如经济实力、鉴定能力等，对自己的收藏做一个规划；要目光远大，抓住有利时机果断收藏，不要被当前的热门收藏品类所束缚。

参考文献

x

一、中文文献

［1］马克思，恩格斯.马克思恩格斯全集：第42卷［M］.北京：人民出版社，
1979.

［2］李福顺.北京美术史［M］.北京：首都师范大学出版社，2008.

［3］覃小惕，余澜.中国古玩市场指南［M］.长沙：湖南美术出版社，2006.

［4］《中国艺术品市场导航》编委会.中国艺术品市场导航［M］.北京：中国水
利水电出版社，2005.

［5］吴明娣.艺术市场研究［C］.北京：首都师范大学出版社，2010.

［6］王金昌.从潘家园翻出的历史［M］.北京：中国社会科学出版社，2008.

［7］李向民.中国艺术经济史［M］.南京：江苏教育出版社，1995.

［8］赵汝珍.古玩指南［M］.北京：北京出版社，2005.

［9］史树青.古玩收藏入门百科：彩图版［M］.郑州：大象出版社，2005.

［10］贾文忠，贾树.贾文忠谈古玩赝品［M］.天津：百花文艺出版社，2007.

［11］贾文忠，贾树.贾文忠谈古玩保养［M］.天津：百花文艺出版社，2007.

［12］贾文忠.贾文忠说铜器收藏［M］.香港：华夏出版社，2008.

［13］史树青.古玩鉴定入门百科［M］.长春：吉林出版集团有限责任公司，2007.

［14］杨昆宁.中华古玩艺术［M］.昆明：云南大学出版社，2011.

［15］史树青.古玩鉴识与投资［M］.太原：山西教育出版社，2006.

［16］马未都.马未都说收藏［M］.北京：中华书局，2008.

［17］赵津生.北京天宝润德古玩文物艺术会展中心：古玩文物篇［M］.北京：

世界知识出版社，2012.

［18］朱裕平.鉴识单色瓷［M］.福州：福建美术出版社，2001.

［19］史树青.古玩市场拍卖投资1001问［M］.长春：吉林出版集团有限责任公司，2006.

［20］史树青.古玩收藏鉴赏万事通［M］.福州：福建美术出版社，2006.

［21］熊建华.文物艺术品交易与收藏［M］.武汉：湖北人民出版社，1996.

［22］杨宽.中国古代都城制度史研究［M］.上海：上海人民出版社，2003.

［23］马学新，曹均伟.上海文化源流辞典［Z］.上海：上海社会科学院出版社，1992.

［24］齐吉祥.中国历代珍宝鉴赏辞典［Z］.郑州：文心出版社，1996.

［25］国家文物局国家文物鉴定委员会.文物藏品定级标准图例：玉器卷［M］.北京：文物出版社，2006.

［26］夏征农，陈至立.辞海［M］.缩印本.6版.上海：上海辞书出版社，2010.

［27］俞剑华.中国画论类编［M］.北京：人民美术出版社，1986.

［28］芬奇.芬奇论绘画［M］.戴勉，编译.北京：人民美术出版社，1979.

［29］王守谦，金秀珍，王凤春.左传全译［M］.贵州：贵州人民出版社，1990.

［30］范晔.后汉书［M］.北京：中华书局，1965.

［31］卢卡奇.审美特性：第1卷［M］.徐恒醇，译.北京：中国社会科学出版社，1986.

［32］李维基.藏事风云录［M］.北京：学苑出版社，2004.

［33］孙殿起.琉璃厂小志［M］.北京：北京古籍出版社，1982.

［34］吴长元.宸垣识略［M］.北京：北京古籍出版，1982.

［35］周易.卷九［M］.黄寿祺，张善文，译注.上海：上海古籍出版社，2007.

［36］萧统.文选：卷第五［M］.李善，注.上海：上海古籍出版社，1986.

［37］中国社会科学院语言研究所词典编辑室.现代汉语词典［M］.5版.北京：商务印书馆，2009.

［38］舒斯特曼.实用主义美学［M］.北京：商务印书出版社，2002.

［39］于彬．文物鉴定人访谈录：文物专家谈文物收藏与鉴定［M］．北京：蓝天出版社，2004．

［40］陈重远．文物话春秋［M］．北京：北京出版社，1996．

［41］科斯．论生产的制度结构［M］．上海：上海三联书店，1994．

［42］耐斯比特，阿伯丁．2000 年大趋势［M］．陈鸿斌，译．北京：经济日报出版社，1990．

［43］马建农．琉璃厂［M］．北京：北京出版社，2006．

［44］潘荣陛．帝京岁时纪胜［M］．北京：北京古籍出版社，1981．

［45］奥尔森．国家兴衰探源［M］．北京：商务印书馆，1993．

［46］震钧．天咫偶闻［M］．北京：北京古籍出版社，1982．

［47］杜卫民．中国艺术品投资与鉴宝丛书：文房清玩［M］．北京：中国水利水电出版社，2005．

［48］欣弘．2013 古董拍卖年鉴：瓷器［M］．长沙：湖南美术出版社，2013．

［49］陈鸣．艺术传播：心灵之谜［M］．上海：上海交通大学出版社，2003．

［50］比野省三．信息学常识 77 则：通往 21 世纪的护照［M］．邵占波，译．北京：书目文献出版社，1988．

［51］罗一平．美术信息学［M］．广州：中山大学出版社，2002．

［52］顾兆贵．艺术经济学导论［M］．北京：文化艺术出版社，2004．

［53］叶世昌．中国古代经济管理思想［M］．上海：复旦大学出版社，1990．

［54］豪泽尔．艺术社会学［M］．居延安，译．上海：学林出版社，1987．

［55］李泽厚．美的历程［M］．北京：生活·读书·新知三联书店，2009．

［56］谢康．信息经济学原理［M］．长沙：中南工业大学出版社，1998．

［57］谢识予．经济博弈论［M］．上海：复旦大学出版社，2012．

［58］陈钊，陈昕．信息与激励经济学［M］．上海：格致出版社，2005．

［59］张维迎．博弈论与信息经济学［M］．上海：上海人民出版社，1998．

［60］乌家培，谢康，肖静华．信息经济学［M］．2 版．北京：高等教育出版社，2007．

［61］马费成，靖继鹏．信息经济分析［M］．北京：科学技术文献出版社，2005.

［62］姚林青．文化创意产业集聚与发展：北京地区研究报告［M］．北京：中国传媒大学出版社，2013.

［63］范如国．博弈论［M］．武汉：武汉大学出版社，2011.

［64］潘勇．网络交易中的逆向选择［M］．北京：经济管理出版社，2005.

［65］陶宇．艺术品市场概论［M］．北京：中国建筑工业出版社，2011.

［66］李万康．艺术市场学概论［M］．上海：复旦大学出版社，2005.

［67］林日葵．艺术经济学［M］．北京：中国商业出版社，2006.

［68］张京成，李岱松，刘利永．文化创意产业集群发展理论与实践［M］．北京：科学出版社，2011.

［69］余丁．艺术管理学概论［M］．北京：高等教育出版社，2008.

［70］杰弗里，余丁．向艺术致敬：中美视觉艺术管理［M］．徐佳，译．北京：知识产权出版社，2008.

［71］西沐．中国艺术金融前沿问题研究［M］．北京：中国书店，2014.

［72］西沐，史跃峰．中国艺术品质押融资案例研究：潍坊银行先行先试的架构与意义［M］．北京：中国书店，2014.

［73］张冬梅．艺术产业化的历程反思与理论诠释［M］．北京：中国社会科学出版社，2008.

［74］赵力．艺术财富：全球化与中国艺术市场［M］．长沙：湖南美术出版社，2008.

［75］陈杰．文化产业政策与法规［M］．青岛：中国海洋大学出版社，2006.

［76］波特．竞争优势［M］．陈小悦，译．北京：华夏出版社，2005.

［77］马健．艺术品市场的经济学［M］．北京：中国时代经济出版社，2008.

［78］胡慧林，李康化．文化经济学［M］．上海：上海文艺出版社，2003.

［79］陈慧颖，陈本昌，徐海峰．文化创意产业发展的经济学研究［M］．北京：经济科学出版社，2012.

［80］杨公朴．产业经济学［M］．上海：复旦大学出版社，2008.

［81］弗罗里达.创意经济［M］.方海萍，魏清江，译.北京：中国人民大学出版社，
　　　　2006.

［82］王家新，傅才武.艺术经济学［M］.北京：高等教育出版社，2013.

［83］海尔布伦，格雷.艺术文化经济学［M］.詹正茂，等译.北京：中国人民大
　　　　学出版社，2007.

二、期刊论文

［84］沈捷.别样的美国古玩市场［J］.艺术市场，2009（3）.

［85］梅松松.探微清代中前期北京古玩市场［J］.艺术市场，2011（10）.

［86］梅松松.民国北京古玩交易场所拾零［J］.艺术市场，2011（3）.

［87］刘金库.明末清初的书画市场［J］.荣宝斋，2010（9）.

［88］刘金库."南画北渡"与明末清初的书画市场［J］.东方艺术，2011（11）.

［89］郑理.城南古玩市场与北京文化中心［J］.北京社会科学，2004（11）.

［90］任浩.琉璃厂变迁史话［J］.艺术市场，2013（4）.

［91］一泓.琉璃厂话沧桑［J］.北京房地产，1995（11）.

［92］杨早.冷摊负手对残书：现代学者眼中的琉璃厂书肆［J］.出版广角，
　　　　2007（7）.

［93］郁默.琉璃厂书业烟云录［J］.中国典籍与文化，1992（3）.

［94］袁家方.寻根说故琉璃厂［J］.北京观察，2006（7）.

［95］王铭珍.北京琉璃厂文化街火文化［J］.上海消防，2004（2）.

［96］周治良.对北京琉璃厂文化街改建工程的几点看法［J］.建筑学报，1986（4）.

［97］钱满.关于琉璃厂文化街改建的思考［J］.建筑学报，1987（11）.

［98］宗超泉.琉璃厂文化街［J］.学习与研究，1984（8）.

［99］杨雨蕾.朝鲜燕行录所记的北京琉璃厂［J］.中国典籍与文化，2004（4）.

［100］黄美子，禹尚烈.朝鲜燕行使与中国琉璃厂［J］.东疆学刊，2004（2）.

［101］王振忠.琉璃厂徽商程嘉贤与朝鲜燕行使者的交往［J］.中国典籍与文化，
　　　　2005（4）.

［102］朴现圭.朝鲜使臣与北京琉璃厂［J］.文献，2003（1）.

［103］秦臻，朱文一.北京潘家园旧货市场考察［J］.北京规划建设，2008（1）.

［104］郑理.城南古玩市场与北京文化中心［J］.北京社会科学，2004（11）.

［105］秦开凤.宋代古玩艺术品市场初探［J］.前沿，2012（9）.

［106］华彬.中国低端古玩市场探略［J］.南京艺术学院学报，2005（4）.

［107］魏薇，廖寅，张鹏.中国古玩投资的现状、问题及对策［J］.重庆大学学报，
2004（6）.

［108］宋元梁，刘天琪，宋光阳，等.中国古玩艺术品市场研究综述［J］.西安
工业大学学报，2011（6）.

［109］刘亚谏.古玩艺术品鉴定行业问题分析和管理对策：上［J］.收藏界，
2011（1）.

［120］刘亚谏.古玩艺术品鉴定行业问题分析和管理对策：下［J］.收藏界，
2011（2）.

［121］张延华.建设规范繁荣的文物艺术品拍卖市场［J］.中国拍卖，2005（8）.

［122］北京老壶.打眼［J］.商业文化，2007（23）.

［123］牟建平.潘家园.北京的一张名片［J］.信息网络，2007（6）.

［124］文轩.累累硕果北京市文物公司50年［J］.收藏家，2010（11）.

［125］丁静，赵琬微，赵仁伟.首都文化艺术品交易市场发展迅猛［J］.商海气象，
2013（1）.

［126］孔繁峙.以创新的工作思路，推动文博事业的持续发展［J］.北京文博，
2010（4）.

［127］宁泽群，金珊.798艺术区作为北京文化旅游吸引物的考察：一个市场自
发形成的视角［J］.旅游学刊，2008，23（3）.

［128］吴光玲.关于文化旅游与旅游文化若干问题研究［J］.经济与社会发展，
2006，4（11）.

［129］陆保新.博物馆展示方式与展示空间关系研究［J］.建筑学报，2003（4）.

［130］李媛.从博物馆的发展看艺术的生命化：艺术本质之思［J］.文艺争鸣，

2010（6）.

［131］雷梦水.琉璃厂掌故拾零［J］.中国典籍与文化，1992（3）.

［132］范桂玉.北京市文化创意产业集群发展机制研究［J］.特区经济，2009（10）.

［133］王乃萍.文化街区的文化品质研究：以琉璃厂为例［J］.中外企业家，2011（12）：251-253.

［134］解小娟.北京CBD与文化创意产业发展研究［J］.首都经济贸易大学学报，2006（3）.

［135］李文蕊.破解融资难：北京文化创意产业获专项授信［N］.科技日报，2010-02-01（012）.

［136］刘金库.当下中国艺术品市场状态及发展评估报告［J］.东方艺术，2007（1）.

［137］金元浦.美国政府的文化外交及其特点［J］.国外理论动态，2005（4）.

［138］包海波.试析美国版权战略与版权业发展的互动［J］.科技与经济，2004（6）.

［139］王东明.英国文化创意产业的发展［J］.企业改革与管理，2009（8）.

［140］陈庆德.文化经济学的基点与内涵［J］.湖南师范大学学报，2006（2）.

［141］马健.艺术品消费的"凡勃伦"效应［J］.中外文化交流，2007（12）.

［142］黄启贤.当代艺术市场发展在于清除绝大部分"收藏家"［J］.大艺术，2010（1）.

［143］蒋丰.日本人对天价艺术品不再感冒［J］.中国文化报，2011（5）.

［144］赵榆.文博系统对文物艺术品市场的推动与支撑［J］.收藏家，2010（11）.

［145］洛莉.韩国的文化发展战略与文化产业的发展［J］.东南亚研究，2005（3）.

［146］张瑞.中国创意经济火与冰的背后［J］.创新科技，2007（1）.

［147］郑健.论艺术品拍卖市场的可持续发展［J］.经济论坛，2007（3）.

三、外文文献

［148］LIU D，CHENG Q.Beijing's panjiayuan market：an oriental goldmine［M］. Beijing：Foreign Languages Press，2006.

［149］LEE C. The business of art［M］.New York：Prentice Hall Press，1998（3）.

［150］CANNON M Y. The role of the real estate appraiser and assessor in valuing real property for ad valorem assessment purposes［J］.The Appraisal Journal，2004.

［151］BOYLE T D. USPAP：the bottom line：what to do，what to write［J］.The Appraisal Journal，2004，72（4）：324–331.

四、学位论文

［152］陆宵虹 . 中国当代绘画艺术作品特征价格研究［D］. 南京：南京航空航天大学，2009.

［153］杨晶 . 完善和发展中国古玩市场的对策研究［D］. 合肥：合肥工业大学，2009 .

［154］贺志鹏 . 古玩交易惯例研究［D］. 长沙：中南大学，2012.

［155］郭新 . 当代中国艺术品市场伦理问题研究［D］. 太原：山西财经大学，2012.

［156］王琛 . 民间收藏文物流通法律规制研究［D］. 成都：西南交通大学，2011.

［157］徐娜 . 创意产业集群的核心竞争力研究［D］. 湘潭：湘潭大学，2008.

［158］王艺 . 绘画艺术品市场定价机制研究［D］. 北京：中国艺术研究院，2010.

［159］姜通 . 马克思理论视域下的艺术品价值研究［D］. 长春：吉林大学，2010.

［160］刘明亮 . 北京 798 艺术区：市场语境下的田野考察与追踪［D］. 北京：中国艺术研究院，2010.

［161］梁江 . 从美术鉴藏类电视节目解析我国当代鉴藏［D］. 北京：中国艺术研究院，2007.

［162］郑洪涛 . 基于区域视角的文化创意产业发展研究［D］. 郑州：河南大学，2008.

［163］郭峰 . 当代中国艺术市场及其互联网经营模式研究［D］. 南京：南京艺术学院，2008.

［164］刘翔宇 . 中国当代艺术品交易机制研究［D］. 济南：山东大学，2012.

附 录

北京古玩交易市场商户行业信心调查表

尊敬的女士／先生：您好！

　　我们是首都师范大学的学生，正在进行一项关于古玩交易市场经营者信心指数的问卷调查，目的是更好地了解古玩市场经营现状，推动古玩交易市场的发展。请您给予支持，谢谢！调查会耽误您 2 分钟左右的时间，请您谅解。

　　请您对以下问题进行作答，本次调查问卷的答案没有正确错误之分，本次调查完全匿名，请您在每题的答案中选择一个最切合自己情况的答案，在□内画√。谢谢！

北京古玩交易市场商户行业信心及影响因素调查表

1. 古玩交易市场的基础设施和服务会对行业信心产生影响

□ A. 非常不符合　　　　□ B. 比较不符合　　　　□ C. 一般

□ D. 比较符合　　　　□ E. 非常符合

2. 古玩交易市场提供一定的对外宣传工作会增强您的行业信心

□ A. 非常不符合　　　　□ B. 比较不符合　　　　□ C. 一般

□ D. 比较符合 □ E. 非常符合

3. 您所在古玩交易市场的核心竞争力越强，您的行业信心就越强

□ A. 非常不符合 □ B. 比较不符合 □ C. 一般

□ D. 比较符合 □ E. 非常符合

4. 古玩交易市场的租金价位会影响您的行业信心

□ A. 非常不符合 □ B. 比较不符合 □ C. 一般

□ D. 比较符合 □ E. 非常符合

5. 北京的古玩交易行业的投资环境会影响您的行业信心

□ A. 非常不符合 □ B. 比较不符合 □ C. 一般

□ D. 比较符合 □ E. 非常符合

6. 政府对该行业的税收政策是影响您的行业信心的因素

□ A. 非常不符合 □ B. 比较不符合 □ C. 一般

□ D. 比较符合 □ E. 非常符合

7. 政府对该行业的人才引进政策是影响您的行业信心的因素

□ A. 非常不符合 □ B. 比较不符合 □ C. 一般

□ D. 比较符合 □ E. 非常符合

8. 政府对该行业的资金扶持政策是影响您的行业信心的因素

□ A. 非常不符合 □ B. 比较不符合 □ C. 一般

□ D. 比较符合 □ E. 非常符合

9. 您在所经营领域内是否具有足够的鉴定水准或可靠的第三方鉴定机构会影响您的行业信心

□ A. 非常不符合 □ B. 比较不符合 □ C. 一般

□ D. 比较符合 □ E. 非常符合

10. 您在这一行业内的管理经验会经营您的行业信心

□ A. 非常不符合　　　　　□ B. 比较不符合　　　　□ C. 一般

□ D. 比较符合　　　　　　□ E. 非常符合

11. 企业的口碑会影响您对该行业的信心

□ A. 非常不符合　　　　　□ B. 比较不符合　　　　□ C. 一般

□ D. 比较符合　　　　　　□ E. 非常符合

12. 贵公司的经营品类会影响您对该行业的信心

□ A. 非常不符合　　　　　□ B. 比较不符合　　　　□ C. 一般

□ D. 比较符合　　　　　　□ E. 非常符合

13. 消费者是否有购买古玩艺术品的愿望会影响您对该行业的信心

□ A. 非常不符合　　　　　□ B. 比较不符合　　　　□ C. 一般

□ D. 比较符合　　　　　　□ E. 非常符合

14. 社会购买力强弱会对您的行业信心产生影响

□ A. 非常不符合　　　　　□ B. 比较不符合　　　　□ C. 一般

□ D. 比较符合　　　　　　□ E. 非常符合

15. 消费者经济收入水平会影响您对该行业的信心

□ A. 非常不符合　　　　　□ B. 比较不符合　　　　□ C. 一般

□ D. 比较符合　　　　　　□ E. 非常符合

16. 客户消费偏好会影响您对该行业的信心

□ A. 非常不符合　　　　　□ B. 比较不符合　　　　□ C. 一般

□ D. 比较符合　　　　　　□ E. 非常符合

17. 您对该行业的发展非常有信心

□ A. 非常不符合　　　　　□ B. 比较不符合　　　　□ C. 一般

□ D. 比较符合　　　　　　□ E. 非常符合

18. 政府对该行业的支持是您对该行业的发展具有信心的原因

□ A. 非常不符合　　　　□ B. 比较不符合　　　□ C. 一般

□ D. 比较符合　　　　　□ E. 非常符合

19. 古玩交易市场软硬件影响您对该行业的信心

□ A. 非常不符合　　　　□ B. 比较不符合　　　□ C. 一般

□ D. 比较符合　　　　　□ E. 非常符合

20. 客户因素对您的行业信心具有影响

□ A. 非常不符合　　　　□ B. 比较不符合　　　□ C. 一般

□ D. 比较符合　　　　　□ E. 非常符合

21. 您对该行业发展的信心源于贵企业的经营管理水平

□ A. 非常不符合　　　　□ B. 比较不符合　　　□ C. 一般

□ D. 比较符合　　　　　□ E. 非常符合

22. 您对该行业的信心源于你的性格

□ A. 非常不符合　　　　□ B. 比较不符合　　　□ C. 一般

□ D. 比较符合　　　　　□ E. 非常符合

您个人及贵企业的基本情况

1. 贵企业所在古玩城：

□ A. 潘家园旧货市场　　　　　□ B. 北京古玩城

□ C. 佰汇古玩珠宝城　　　　　□ D. 博宝艺苑古玩工艺品市场

□ E. 琉璃厂文化街

2. 您的性别：

□ A. 男　　　　　　　　　　　□ B. 女

3. 您的年龄：

□ A. 25 周岁及以下　　　　　　□ B. 26—40 周岁

□ C. 41—55 周岁　　　　　　　□ D. 55 周岁以上

4. 您的受教育程度：

☐ A. 高中及以下　　　　☐ B. 大专

☐ C. 本科　　　　☐ D. 研究生及以上

5. 您的婚姻状况：

☐ A. 已婚　　　　☐ B. 未婚

6. 您在北京从事古玩交易行业的时间：

☐ A. 1—2 年　　　　☐ B. 3—5 年

☐ C. 6—10 年　　　　☐ D. 10 年以上

7. 您所在企业的企业性质：

☐ A. 国有　　　　☐ B. 个体　　　　☐ C. 民营

8. 贵企业经营方式（可多选）：

☐ A. 店铺　　　　☐ B. 地摊　　　　☐ C. 文物公司

☐ D. 网络交易　　　　☐ E. 会所模式

9. 贵企业主营业务（可多选）：

☐ A. 珠宝玉石　　　　☐ B. 瓷器　　　　☐ C. 古典家具

☐ D. 书画　　　　☐ E. 文革遗物　　　　☐ F. 民族宗教用品

☐ G. 古籍碑　　　　☐ H. 铜器　　　　☐ 根雕奇石

☐ G. 文玩清供　　　　☐ H. 邮票古币　　　　☐ I. 古玩杂项

10. 贵企业经营状况如何？

☐ A. 很好　　　　☐ B. 良好　　　　☐ C. 一般

☐ D. 不很好　　　　☐ E. 很不好